Johannes Bours

Nehmt Gottes Melodie in euch auf

Inhalt

Zur Einführung

Es gibt Worte, die wie Lotsen sind, Worte der Heiligen Schrift, von glaubenserfahrenen Menschen, auch der Dichterinnen und Dichter. Solche Worte steigen in unser Lebensboot ein und geben mitunter einen neuen Kurs an, der neue Anschauungen verheißt, meist mitten in den unbefragten Selbstverständlichkeiten des Lebens. Sie geben keine Ruhe, bis man sich ihnen stellt und zu dem Sinn durchdringt, wo sie in ihrer Wahrheit aufleuchten und wirksam werden.

Worte, die bewegen

Johannes Bours (1913–1988) war solchen Worten auf der Spur und ließ sich von ihnen führen. Er schrieb einmal:

> Seit langem habe ich auf meinem Schreibtisch ein kleines Heft liegen, das eine Art Tagebuch ist. Ich habe ihm den Titel gegeben: *Worte, die mich bewegten.* In diesem Heft habe ich Worte aufgeschrieben, die ich gelesen oder gehört habe und

die mich besonders berührt haben. Es sind Worte aus der Heiligen Schrift, aber auch aus der Literatur, der Dichtung.

Gewiss hat er selbst zunächst mit diesen Worten gelebt, sie inwendig und auswendig kennen gelernt. Doch blieb es nicht beim Privatgebrauch. Er gab weiter, was ihm selbst zugefallen war. Das waren Situationen, wie sie ihm in der geistlichen Begleitung begegneten, die über 32 Jahre hin im Theologenkonvikt und im Bischöflichen Priesterseminar in Münster seinen Dienst prägte.

Es waren Ansprachen in Gottesdiensten, in denen die in solchen Worten verdichteten Erfahrungen nahe kommen konnten. Es waren auch Rundfunkansprachen am Morgen, die mit dem knappen Zeitmaß auskommen mussten und entsprechend zur Vereinfachung und Verdichtung herausforderten. Oft hat er aus Rückmeldungen erfahren, wie solche Worte als Lotse gewirkt haben.

Ein Gewebe aus Wort und Sinn

„Nehmt Gottes Melodie in euch auf“ ist eine Sammlung solcher Lotsenworte. Sie sind wie ein beständiges Gesprächs- und Erfahrungsangebot, Knotenpunkte, an denen sich an- und weiterknüpfen lässt, sodass eine neue Textur, ein neues Gewebe entsteht. In der Auswahl und Zusammenstellung der Neuausgabe ist ein neues Textgewebe gegenüber der ursprünglichen Ausgabe gleichen Titels entstanden. Als Knotenpunkte dienen eine Reihe von Worten des *Ignatius von Antiochien.* Von der ursprünglichen Situation, wie es zur Auslegung dieser Worte kam, schreibt Johannes Bours:

> In Wochen der Krankheit las ich die Briefe des heiligen Ignatius von Antiochien. Er war der zweite oder dritte Bischof dieser Christengemeinde. Hier in Antiochien in Syrien wurden die Jünger Jesu zum ersten Mal Christen genannt. Um das Jahr 107 wurde der Bischof Ignatius bei einer Christenverfolgung in einer Soldatengruppe nach Rom gebracht, wo das Martyrium ihm bevorstand. Auf dem Weg durch Kleinasien war es ihm möglich, an den Rastplätzen Briefe an die jungen Christengemeinden zu schreiben, die in der Nähe lagen. Diese Briefe, ganz aus dem Augenblick geschrieben, sind ein sehr lebendiges Zeugnis der ganz frühen Kirche …

Worte aus diesen Briefen haben sich in der Neuausgabe von „Nehmt Gottes Melodie in euch auf“ mit anderen Wortreihen verbunden. Dabei ist ein Geflecht entstanden, in dem ein Wort des Ignatius von Antiochien wie ein Lotse in andere Lebensströme einführt, und zwar so, dass immer die Lesende oder der Lesende selbst angesprochen ist. Zudem sind die Worte so angelegt, dass sie sich nicht selbst genügen. Sie verlocken vielmehr dazu, selbst zum Grund der Worte zu gehen, also zur Heiligen Schrift, zu den Zeugnissen der großen Glaubenden, zu den Dichterinnen und Dichtern.

Lotsen durch die Landschaft der Seele

Solche Worte kommen aus einem „Speicher der Weisheit“ (Antoine de Saint-Exupéry), der aus Liebe, Leid und Gebet gewachsen ist und aus dem sich hervorholen lässt, was Lebensnahrung werden kann und zum Wachsen verhilft. Solche Worte können Worte einer stillen, innigen Beziehungssuche werden, einer Beziehung zu dem, der nach christlichem Glauben eine jede und einen jeden mit Namen nennt und kennt. Deshalb sind solche Worte unaufdringlich, behutsam, gewinnend und verwandelnd. Wie der große Zusammenhang des christlichen Glaubens das Einzelwort verstehen lässt, so kann auch das Einzelwort den Zusammenhang des Ganzen neu aufleuchten lassen.

Johannes Bours war ein Mann des Gesprächs, der seine erste Aufgabe im Hören sah. Im Raum verlässlicher Verschwiegenheit sollten viele ihres eigenen unverwechselbaren Lebens innewerden und dann selber verantwortete Schritte in ihr Leben gehen. Er selbst hat die Mühe nicht gescheut, ins Wort zu bringen, was er an Erfahrungen auf dem Weg des Glaubens gemacht hat und wohin ihn selbst kostbare Worte als Lotsen gebracht haben.

Mögen die von ihm gefundenen und ausgelegten Worte ihre Wirkung weiter entfalten können – als Lotsen, die durch die Landschaft der Seele geleiten und ins Gespräch mit dem bringen, der uns Menschen in diese Welt gestellt hat.

Paul Deselaers

I.

Worte aus der Heiligen Schrift

*Wer Jesu Wort wirklich besitzt,
kann auch seine Stille vernehmen*

1 *Besser ist schweigen und sein als reden und nicht sein*

IGNATIUS VON ANTIOCHIEN

Als Ignatius auf dem Leidensweg nach Rom ist, schreibt er in einem nach Rom vorausgeschickten Brief, dass er »an zehn Leoparden gefesselt« ist, das heißt an eine Abteilung Soldaten, die – so schreibt er – durch erwiesene Wohltaten noch schlimmer werden. Er ist also einer aus der unabsehbaren Schar der Verfolgten und Gefolterten, die die Grausamkeit des Menschen erfahren haben.

Aber mitten in dieser Bedrängnis, die in Rom mit dem gewaltsamen Tod enden wird, schreibt er in einem Brief an die Gemeinde von Ephesus ein Wort, das eine große Ruhe ausstrahlt. Er schreibt: »Besser ist schweigen und sein als reden und nicht sein.« Wir denken an die vielen Weisheitsworte, die etwas Ähnliches aussagen, bis hin zu den Wandsprüchen von der Art: »Reden ist Silber, Schweigen ist Gold.«

Aber das Wort von Ignatius reicht in eine andere, viel tiefere Dimension hinein. Für ihn hat alles eine Beziehung zu Christus. Und besonders jetzt auf dem Weg ins Martyrium kann er nichts denken ohne Christus. Und so müssen wir das ganze Wort hören, das er schreibt: »Besser ist schweigen und sein als reden und nicht sein. Gut ist das Lehren, wenn man tut, was man sagt. So ist nur einer Lehrer (Christus), der da sprach, und es geschah, und was er schweigend getan hat, ist des Vaters würdig. Wer Jesu Wort wirklich besitzt, kann auch seine Stille vernehmen, auf dass er vollkommen sei, auf dass er durch sein Wort wirke und durch sein Schweigen erkannt werde.«

Ob mit diesem Schweigen bei Ignatius nicht gemeint ist: das tiefe, letzte Verwurzeltsein, Beheimatetsein in Gott? Das vertrauende Sichfallenlassen in das Geheimnis, das Gott ist? »Besser ist schweigen und sein als reden und nicht sein.« Besser ist, seine Wurzeln in Gott zu haben und von daher die Fruchtbarkeit des Lebens, als wurzellos in Getue zu verfallen – und alles ist ohne Bestand!

»Besser ist schweigen und sein als reden und nicht sein … Wer Jesu Wort wirklich besitzt, kann auch seine Stille vernehmen.« Wer Jesu

Wort wirklich in sein Leben eingelassen hat, der kann auch seine Stille, sein Geheimnis vernehmen: die Tiefe Gottes, aus der er kommt, den Raum der Ewigkeit. Ich denke mir, das Schweigen, von dem Ignatius auf seinem Todesweg schreibt, bedeutet: mit seinem Leben ganz eingetaucht sein in Christus und durch Christus in Gott.

2 *Ich,* JHWH, *will dein Arzt sein*
EXODUS 15,26

Das zweite Buch Mose, das Buch Exodus, ist ein Buch des Weges, des Weges aus der Knechtschaft in die Freiheit. Es ist das Buch des Alten Testamentes, das in besonderer Weise den Weg zum Osterfest vorausbildet.

Im 15. Kapitel steht das Wort: »Ich, JHWH, will dein Arzt sein!« JHWH, »Jahwe«, ist der Gottesname, mit dem Gott sich selbst geoffenbart hat. JHWH heißt: Ich bin da bei euch!

»Ich, JHWH, will dein Arzt sein!« Ein Arzt ist zum Heilen da. Und nun sagt Gott: Ich will dein Arzt sein.

Es ist gut, dieses Wort in sich aufzunehmen. Gütiges Gotteswort: Er will der Heilende sein!

Ich will dieses Wort hören auf mein Leben hin, das nicht heil ist. Ich will das Wort hören auf unsere Welt hin, die nicht heil ist. Ich will das Wort hören auf die Kirche hin, das Volk des Neuen Bundes, das nicht heil ist.

»Ich, JHWH, will dein Arzt sein«, Jesus hat dieses Wort gekannt. Vielleicht hat er daran gedacht, als er sagte: »Nicht die Gesunden brauchen den Arzt, sondern die Kranken« (Matthäus 9,12).

Es gibt ein kleines Bild von Rembrandt, das so genannte Hundertguldenblatt: Da steht in der Mitte groß und gütig Jesus als Arzt. Aller Jammer der Welt wird in den Kranken zu ihm gebracht. –

Eine Frage, die in Umfragen an Passanten gerichtet wird, lautet: Wenn Sie drei Wünsche frei hätten, die in Erfüllung gehen könnten – welche würden Sie nennen? Am meisten wird dann genannt: die Gesundheit!

Das Wort, das Gott zu uns spricht: »Ich will dein Arzt sein.« – es geht auf mehr hin als auf eine Heilung, wie man sie mit Medikamenten oder mit einer Operation gewinnen kann.

Es gibt in der Tiefe unseres Lebens etwas, das lässt auch die Gesunden unter uns sprechen: Ich bin nicht heil … Und wir alle erfahren es immer wieder: Die Welt ist nicht heil.

In Jesus, dem Gekreuzigten und Auferstandenen, dem Heiland, ist es verbürgt: »Ich will dein Arzt sein!« Er wird mein Arzt sein – und ich werde leben!

3 *Siehe! Ich werde im Wolkendunkel zu dir kommen*

Exodus 19,9

Gott ist da, Gott ist ganz nahe – er kann gefunden werden! Aber er muss sich verbergen, verhüllen, denn unsere Welt hat keine Dimensionen, keine Maße, so dass wir ihn begreifen könnten. Und doch will er von uns entdeckt werden – als der Verborgene!

»Siehe! Ich werde im Wolkendunkel zu dir kommen.« Das ist ein Gotteswort aus dem zweiten Buch Mose. Er kommt, aber im Wolkendunkel. Er ist nahe, aber in Verborgenheit. Er offenbart sich – in Verhüllung.

In einem Kirchenlied heißt es: »Überall ist er und nirgends, Höhen, Tiefen, sie sind sein.« Er ist da, aber wir können seiner nicht habhaft werden: »Siehe! Ich werde im Wolkendunkel zu dir kommen.« »Siehe« steht da: Es ist etwas zu sehen, wahrzunehmen, zu erfahren, aber in Verhüllung, »im Wolkendunkel«.

Manchmal, wenn wir zurückschauen: Da war eine Lebensstunde, ganz dunkel, wir wussten nicht mehr weiter, alles war wie zugezogen, kein Weg mehr, kein Sinn mehr. Und doch, wenn wir uns jetzt erinnern – war da nicht in der Dunkelheit die Erfahrung: Es geht nicht ins Bodenlose, ein Halt ist da, vertrauen kannst du – trotz allem! »Siehe! Ich werde im Wolkendunkel zu dir kommen.«

Einmal hat sich für einen Menschen das Wolkendunkel, in dem Gott kommt, zu äußerster Finsternis verdichtet: Als Jesus starb, »fiel eine Finsternis über das ganze Land hin« (Markus 15,33): Da war Gott ganz nahe!

Siehe! Ich werde im Wolkendunkel zu dir kommen.
Herr, bleibe bei uns im Dunkel der Welt.
Herr, bleibe bei mir im Dunkel meines Lebens.

4 *Ich kenne dich mit Namen*
EXODUS 33,17

Ein Diakon machte in seiner Ausbildungszeit zum Priester für ein Jahr in einer Pfarrei ein Seelsorgepraktikum. Es wurde ihm auch erlaubt, eine Schulklasse von zehnjährigen Kindern im Religionsunterricht zu unterrichten. Bald kannte er alle Kinder dieser Klasse mit ihrem Vornamen. Nach Beendigung des Praktikums kehrte er wieder ins Priesterseminar zurück. Als er nun ein halbes Jahr später zufällig noch einmal einen Besuch in der Schule jener Pfarrei machte, umringten ihn auf dem Schulhof die Kinder seiner früheren Klasse, und ein Kind fragte den Diakon: Kennen Sie mich noch? Er nannte den Namen des Kindes. Nun wollte jedes Kind wissen: Kennen Sie mich noch? Er wusste noch alle Namen – bis auf ein Kind, dessen Namen ihm nicht einfiel. Da sah er mit Erschrecken, wie traurig dieses Kind wurde.

Gott sagt zu Mose im Buch Exodus: »Ich kenne dich mit Namen.« In einem jüdischen Gebet heißt es: »Des Vergessenen vergisst Er nicht!« Nein – Gott sagt: »Ich kenne dich mit Namen.«

Name, das ist das Wesen des Menschen, das Unvertauschbare, das Einzigartige. Das ist der Mensch, wo er ganz er selbst ist.

Ich will dieses Wort von Gott her hören auf mein eigenes Leben hin. Er spricht es mir zu: »Ich kenne dich mit Namen.« Nicht Menschheit, sondern: Ich! Du! Nicht ein Gott über den Sternen, sondern: »Ich kenne dich mit Namen.« Gott hat es mit mir zu tun. Ich habe es mit Gott zu tun. Ich bin gemeint.

Er kennt mich, er wendet sich mir zu. Jesus nennt diesen Gott: Vater!

Manchmal, wenn wir Bilder von großen Massenversammlungen sehen, kann in uns ein Gefühl von Beklemmung aufkommen angesichts dieser riesigen Anonymität, Namenlosigkeit. Aber von jedem Einzelnen gilt von Gott her: »Ich kenne dich mit Namen!«

Dieses Wort kann uns sagen: Du bist nicht allein, du brauchst keine Angst zu haben: »Ich kenne dich mit Namen!«

Da ich noch nicht geboren war,
da bist du mir geboren
und hast mich dir zu Eigen gar,
eh ich dich kannt, erkoren.
Eh ich durch deine Hand gemacht,
da hast du schon bei dir bedacht,
wie du mein wolltest werden.

PAUL GERHARDT

5 *Ich will alle meine Schönheit vor dir vorüberziehen lassen*

EXODUS 33,19

Einmal besuchte ich einen siebzigjährigen Kranken. Er wusste, dass er nur noch kurze Zeit zu leben hatte. Er hatte viel gelitten; er war ein leidenschaftlich Suchender und Glaubender zugleich. Er sagte: »Bald wird es sein! Wie wird das sein, wenn ich Ihn sehe! Es werden ja nicht diese meine Augen sein, ich denke mir, dass ich Ihn mit meinem ganzen Sein wahrnehme – wie wird das sein? Ich warte mit aller Kraft der Erwartung auf diesen Augenblick, auf den ich das ganze Leben zugelebt habe.«

Sehnsucht des Glaubenden: Ihn sehen! Einmal sagte Mose zum Herrn: »Lass mich doch deine Herrlichkeit schauen!« Und der Herr antwortete: »Ich will alle meine Schönheit vor dir vorüberziehen lassen.«

Dieses Wort ist einzigartig in der Bibel: »Ich will alle meine Schönheit vor dir vorüberziehen lassen.« An keiner anderen Stelle der Bibel spricht Gott selbst so von seiner Schönheit.

Wir denken an die Schönheit der Schöpfung, und ungezählte Bilder gehen uns durch den Sinn: der gestirnte Himmel, die Landschaft unter dem Licht der Sonne, die Berge, das Meer, die Blumen, Musik der Schöpfung, das »Lied in allen Dingen«, das geliebte Antlitz: »Ich will alle meine Schönheit vor dir vorüberziehen lassen.«

Aber da habe ich mit diesem Wort eine merkwürdige Entdeckung in der Bibel gemacht. Ich fand, dass eine andere Ausgabe dieses Wort so übersetzt hatte: »Ich will alle meine Güte an dir vorüberziehen lassen.« Und in der Tat: das hebräische Wort, das da steht, kann sowohl Schönheit wie Güte bedeuten!

Das berührt unser Herz. Gottes Schönheit ist mehr als die Schönheit, die uns in der Schöpfung aufscheint: Sie ist seine Güte! (Ist denn nicht auch die Schönheit eines Menschenantlitzes seine Güte, die aus ihm scheint?) Gott sagt: »Ich will alle meine Güte vor dir vorüberziehen lassen.«

»Vorüberziehen lassen?« Einmal wird sie bleiben! Wie es ein Psalm sagt: »Dann, wenn ich einst erwache, dann werde ich satt mich sehen an deiner Gestalt« (Psalm 17,15).

6 *Vor mir sollst du nicht mit leeren Händen erscheinen*

EXODUS 34,20

Da ist mir ein seltsamer Widerspruch begegnet. Im Buch Exodus sagt Gott zu Mose und zu dem Volk: »Vor mir sollst du nicht mit leeren Händen erscheinen.« Und ich erinnerte mich einer Gedichtstrophe von Werner Bergengruen:

Liebt doch Gott die leeren Hände,
und der Mangel wird Gewinn.
Immerdar enthüllt das Ende
sich als strahlender Beginn.

Gott sagt: »Vor mir sollst du nicht mit leeren Händen erscheinen.« Und im Gedicht heißt es: »Liebt doch Gott die leeren Hände.« Wie bringen wir das zusammen?

Als Jesus am Kreuz hing, waren seine Hände ganz leer. Er hatte nichts mehr sein Eigen zu nennen. Nackt hing er am Kreuz. In seinen Händen war nur noch der Kopf des Nagels zu sehen, mit dem er an das Holz geschlagen war. Aber mit seinen leeren Händen gab er alles: »Vater, in deine Hände gebe ich mein Leben.«

Gott sagt: »Vor mir sollst du nicht mit leeren Händen erscheinen.«

Als der Zöllner im Tempel vor Gott erschien und nichts aufzuweisen hatte als seine Schuld – »Herr, sei mir Sünder gnädig« –, da waren seine Hände leer, aber: er hielt sich selbst Gott hin, so wie er war!

Gott sagt: »Vor mir sollst du nicht mit leeren Händen erscheinen.« Was erwartet er denn auf unseren Händen? Es liegt ihm nichts an diesem oder jenem, es liegt ihm ganz allein an uns selbst! Dass wir uns ihm hinhalten, so wie wir sind.

Ein Mensch hält seine Hände zu Gott hin: »Herr, hier sind meine Hände!« – und er will nichts mehr festhalten vor Gott, er will auch nicht dieses oder jenes bringen (wie man einen Zoll oder eine Abgabe bringt), sondern: er hat seine Hände ganz offen gemacht, er hat sie ganz leer gemacht: »Herr, hier sind meine Hände!« Und er hält mit diesen Händen sich selbst Gott hin – die Hände sind leer und doch: mit seinen Händen hält er sich selbst Gott hin. Geben diese

»leeren« Hände nicht alles? Geben sie nicht das einzige, woran Gott liegt?

Gott sagt: »Vor mir sollst du nicht mit leeren Händen erscheinen.« Es gibt eine letzte Erfahrung des Glaubenden: Das, was meine Hände hinhalten, das, was ich gebe – es ist nur Verdanktes!

Immerfort empfange ich mich aus deiner Hand.
Das ist meine Wahrheit und meine Freude.
Immerfort blickt mich dein Auge an,
und ich lebe aus deinem Blick,
du mein Schöpfer und mein Heil.
Lehre mich, in der Stille deiner Gegenwart
das Geheimnis zu verstehen, dass ich bin.
Und dass ich bin durch dich und vor dir
und für dich.

Romano Guardini

7 *Ich werde deine Grenzen weit machen*

EXODUS 34,24

Da begegnete ich auf der Straße einem jungen Wissenschaftler, den ich von früher kannte. Ich sagte die übliche Frage: »Wie geht es Ihnen?« Und er antwortete: »Schlecht!« Und nun kam es aus ihm heraus. Er hatte eine Erfahrung gemacht, die jeder Mensch, wenn auch in sehr verschiedener Weise, einmal macht und machen muss: Er war an seine Grenzen gestoßen. Er hatte erkennen müssen, dass die Art seiner Begabung nicht ausreichte, die Aufgaben zu lösen, die seine Wissenschaft jetzt von ihm verlangte; er hatte sehr schmerzlich die Erfahrung seiner Grenze machen müssen.

Die Erfahrung der Grenze, der Begrenztheit! Gebundenheit, die ich nicht lösen kann; Zwänge, von denen ich mich nicht befreien kann; die Angst; die Last der Depression; die Schuld, die aus der Enge des Ich-sagens kam. Die Grenze, an die unser letztes Fragen stößt. Woher kommen wir, wohin gehen wir? Was soll das namenlose Leid in der Welt? Überall Grenzen, an die wir stoßen, an denen wir zurückgeworfen werden.

Und da ist dieses Wort, das Gott im Buch Exodus seinem Volk zusagt: »Ich werde deine Grenzen weit machen.« Weites Land will Gott seinem Volk geben!

Dieses Wort gewinnt vom Evangelium her einen unerhört neuen Sinn. Eine neue grenzenlose Dimension tut sich auf: die österliche Welt, die Welt des Auferstehens! »Ich werde deine Grenzen weit machen.« Der enge Horizont aller irdischen Gefangenheiten und Befangenheiten wird aufgerissen zu unerhörter Aussicht: »Siehe, ich sehe den Himmel offen!« (Apostelgeschichte 7,56), so rief Stefanus aus, der erste Blutzeuge für das Evangelium.

Gottes Barmherzigkeit überflutet alle Grenzen, die Zäune fallen – nichts mehr soll ausgeschlossen sein vom Fest der Erlösung, der Befreiung: »Ich werde deine Grenzen weit machen.«

Ich will diese Verheißung Gottes hören auf mein Leben hin. Ich will aus dieser Zusage leben und den Vorschein ihrer Erfahrung zulassen.

Indem ich selber mit aller Kraft der Zuversicht auf die Entgrenzung zuwandere, die dieses Wort gewährt, werde ich in wachsendem Glauben beten können: »Du hast meinen Fuß auf weiten Raum gestellt« (Psalm 31,9).

II.
Bewegende Worte

Jetzt fange ich an, ein Jünger zu sein

1 *Jetzt fange ich an, ein Jünger zu sein*
Ignatius von Antiochien

In den sieben Briefen, die Ignatius als Gefangener auf dem Weg nach Rom an die jungen christlichen Gemeinden schreiben konnte, findet sich in zwei Briefen ein gleiches Wort, das also offenbar sehr stark Aussage seines Herzens war. Er schreibt: »Jetzt fange ich an, ein Jünger zu sein.« Und natürlich meint er: ein Jünger Jesu Christi! Dieses Wort hat bei Ignatius seinen eigenen Klang, eine letzte Bedeutung: das Martyrium als Jüngerschaft Jesu, des Gekreuzigten. Letzte, nicht mehr sich täuschende Jüngerschaft!

Dieses »Jetzt fange ich an, ein Jünger zu werden« bekommt in unseren Gedanken gewiss einen ganz anderen Klang als bei Ignatius. Ich muss es von der Größe und Glaubwürdigkeit, die es bei Ignatius hat, zurückholen in meine kleine Anfänglichkeit. Mir kommt das Wort des heiligen Franz von Assisi in den Sinn, das er vor seinem Sterben ausrief: »Brüder, lasst uns endlich anfangen!« Aber ich erschrecke: wie oft habe ich es mir schon gesagt: Jetzt fange ich an! Jetzt fange ich endlich an! Und dann fiel alles wieder zurück in das schon immer Gewohnte. Vielleicht stellen wir uns einmal selbst diese Frage: Kann ich erkennen, was Gott jetzt wohl am ehesten, am meisten von mir erwartet?

Ich denke, es ist gut, mit wacher Aufmerksamkeit und Ehrlichkeit nach einer Antwort auf diese Frage zu suchen. Vielleicht steckt darin ein erster Schritt, der uns das Recht gibt, mit wenigstens anfangender Redlichkeit das Wort sagen zu dürfen: »Jetzt fange ich an, ein Jünger Christi zu werden.«

Ein Dreißigjähriger sagt dieses Wort anders als ein Siebzigjähriger. Je weiter die Jahre voranschreiten, umso mehr erlebt man die eigene Lebensgeschichte als »das zeitflüchtige Angebot der Ewigkeit« (Joseph Bernhart). Und es wandelt sich mit den verrinnenden Jahren der innere Sinn dieses Wortes: »Jetzt fange ich an, ein Jünger zu werden.« Nicht mehr neuer Lebensentwurf und neuer aktiver Aufbruch, sondern die wachsende Erkenntnis der leeren Hände – und daraus das stumme und – möge es doch gewährt sein! – vertrauende Gebet: Herr du allein! Du allein kannst den neuen Anfang schenken. Und so also das Sichfallenlassen in das unbegreifliche Geheimnis der Erbarmung Gottes.

Ich las einen Buchtitel: »Heute beginnt das Leben!« – ein gutes Wort, auch für den Christen, für den Jünger Christi. »Jetzt, heute, fange ich an, ein Jünger Christi zu sein.«

2 *An jenem Tage werdet ihr mich nichts mehr fragen*
JOHANNES 16,23

Bei dem Dichter Jean Paul, der 1769 geboren wurde, las ich folgendes Wort: »Was wollt' ich denn haben, wenn ich in meiner Kindheit auf dem Stein meines Torwegs saß und sehnend dem Zug der langen Straße nachsah und dachte, wie sie fortliefe, über Berge schösse, immer, immerfort …? und endlich? … Ach, alle Straßen führen zu nichts, und wo sie abreißen, steht wieder einer, der sich rückwärts herübersehnt« (Die unsichtbare Loge, 25. Sektor).

Ja, das kann es wohl geben, schon in der Kindheit, dass dieses noch unnennbare, aber doch tiefe Sichsehnen da ist, ins Unbekannte hinein.

Später dann, wenn wir der Kindheit entwachsen sind, mag dieses Sichsehnen sich verwandeln in das Fragen hinein, in das nie aufhörende Fragen hinein: Wohin? Wohin gehe ich? Wohin geht alles? Dieses Fragen, das immer weitergeht; jede Frage in der Nähe einer Antwort wieder eine neue Frage hervorbringend, immer, immerfort … Ja, wie sehr gehört das zu uns! Hat man den Menschen nicht genannt: die ewige Frage?

Man kann es verdrängen, mit rastloser Tätigkeit etwa oder mit immer neuer Ablenkung. Aber dann, manchmal in den Nächten, wenn wir nicht schlafen können, ist es wieder da …: »Was wollt' ich denn haben, wenn ich sehnend dem Zug der langen Straße nachsah und dachte, wie sie fortliefe … immer, immerfort? und endlich? …«

Und da ist dieses Wort, das ich in meinem Heft unter das Wort von Jean Paul geschrieben habe: »An jenem Tage werdet ihr mich nichts mehr fragen« (Johannes 16,23). Jesus sagt dieses Wort in seinen Abschiedsreden vor seinem Leiden. Unmittelbar vorher sagt er: »Jetzt seid ihr bekümmert, aber ich werde euch wieder sehen; dann wird euer Herz sich freuen, und niemand nimmt euch eure Freude« (Johannes 16,22).

»An jenem Tage werdet ihr mich nichts mehr fragen.« Einmal kommt ein Tag, an dem alles Fragen an sein Ziel gekommen ist. Und dieses Ziel ist nicht eine Auskunft auf unsere Frage, sondern dieses Ziel ist ein Antlitz, das geliebte Antlitz, das Antlitz der gekreuzigten Liebe. Wo die bleibende Liebe ist, da ist keine Frage mehr. »An jenem Tage werdet ihr mich nichts mehr fragen.«

3 *Warum gabst du uns die tiefen Blicke?*
Johann Wolfgang von Goethe

In meinem kleinen Tagebuch, dem ich die Überschrift gegeben habe »Worte, die mich bewegten«, finde ich den Anfang eines Gedichtes von Goethe, eine einzige Zeile nur, sie heißt: »Warum gabst du uns die tiefen Blicke?« Ich weiß heute nicht mehr die Lebensstunde, in der ich dieses Wort vor vielen Jahren aufgeschrieben habe. Als ich nun das Gedicht wieder zur Hand nahm, sah ich, dass Goethe diese Frage an das Schicksal richtet. Aber er redet das Schicksal mit du an: »Warum gabst du uns die tiefen Blicke?«

Warum hast du uns diese Menschenaugen gegeben, die durch den Vordergrund der Dinge dringen und immer, immer weitersuchen? Warum gabst du uns die tiefen Blicke, die den verhüllten Hintergrund aller Dinge ahnen und suchen? Die verborgenen Tränen an den Dingen der Schöpfung, aber auch ihren Glanz? Die die »Sehnsucht der ewigen Hügel« – so heißt eine uralte Gebetsanrufung – wahrnehmen und mitleiden? Warum hast du uns nicht wie das Tier gelassen, das ahnungslos in seinem Augenblick lebt?

Als der Dramatiker Strindberg gefragt wurde, welche Fähigkeit er besitzen möchte, antwortete er: »Den Schlüssel zum Geheimnis der Welt, um den Sinn des Lebens zu finden.«

Ich sehe, dass Goethe das Gedicht an eine Frau gerichtet hat, an Charlotte von Stein. Und ich sehe, dass die beiden ersten Zeilen des Gedichtes so lauten:

Warum gabst du uns die tiefen Blicke?
Unsre Zukunft ahnungsvoll zu schaun …

Und so geht also diese Frage auf den anderen Menschen hin, auf den geliebten, auf das Geheimnis des geliebten Menschen, auf seine Zukunft, die immer, immer weitergeht, in unabsehbarer Sehnsucht, in unabsehbare Tiefen hinein …

»Sag, was will das Schicksal uns bereiten?«, so heißt eine spätere Zeile in dem Gedicht. Wieder kommt mir in den Sinn das Wort, das Jesus vor seiner Passion zu den Seinen sagt: »Jetzt seid ihr bekümmert, aber ich werde euch wiedersehen; dann wird euer Herz sich freuen, und niemand nimmt euch eure Freude. An jenem Tage werdet ihr mich nichts mehr fragen« (Johannes 16,22–23).

»Warum gabst du uns die tiefen Blicke«: Unser Blick geht suchend in jene Tiefe, wo die letzte und bleibende Antwort der Liebe ist. Unser Blick wird erst zur Ruhe kommen, wenn er *dem* Antlitz begegnet, welches das Antlitz der Liebe ist.

Mit bewegtem Herzen – man spürt es seinen Worten an – hat der Apostel Paulus es gesagt in seinem Hohen Lied der Liebe: »Jetzt sehen wir nur Rätsel, dann aber schauen wir von Angesicht zu Angesicht. »Dann aber« – Was für ein seliges »Dann aber«! »Dann aber von Angesicht zu Angesicht.«

4 *Jesus, ein »Weggeworfener«*
1. Petrusbrief 2,4

In meinem kleinen Tagebuch »Worte, die mich bewegten« steht eines, das mich sehr betroffen gemacht hat, als mir zum ersten Mal aufging, was es bedeutet. Es ist das Wort: Jesus, ein »Weggeworfener«. Es steht im Neuen Testament. Jesus wird da einem Stein verglichen, den die Bauleute als unbrauchbar weggeworfen haben. Ich habe im Wörterbuch nachgeschlagen, was das griechische Wort, das da im Neuen Testament steht, alles bedeuten kann. Da steht: als unbrauchbar wegwerfen, abschaffen, ausstreichen, ausstoßen.

Ich denke daran, was ich von Jesus weiß. Er ist der liebenswürdigste Mensch, den man sich denken kann. Alles, was wir von ihm wissen, sagt uns: Er war ein Mensch von lauterster Gesinnung, von reiner Herzensgüte, völlig für die Menschen sich hingebend. Und von ihm sagt das Neue Testament: ein Weggeworfener! Wie ein Maurer einen Stein in der Hand hält, ihn anschaut, ihn wegwirft: unbrauchbar! Die Leidensgeschichte Jesu sagt uns, wie dieses Wegwerfen ausgesehen hat. Ein weggeworfener Mensch! *Der* Mensch! Ecce homo!

Und ich denke daran, dass in diesen Menschen Jesus von Nazaret Gott ganz hineingegangen ist, dass Gott in diesem Jesus selbst wie ein Weggeworfener wird, sich wegwerfen lässt von den Menschen!

Man hat vor einiger Zeit entdeckt, dass der Fels Golgota, auf dem Jesus gekreuzigt wurde, mitten in einer Müllhalde gelegen hat, vor der Stadtmauer von Jerusalem. Jesus, Gottessohn, ein Weggeworfener! Das alles ist unausdenkbar.

Setzt sich das fort durch die Menschengeschichte? Setzt sich das fort, wenn Menschen von Menschen weggeworfen werden? Setzt sich das fort in der Verworfenheit von Menschen?

Die Schrift sagt: Gott hat es geschehen lassen, damit alles Weggeworfensein von Menschen, alle Verworfenheit erlöst werden kann. Er nimmt es selbst auf sich, um es auszulösen. An diesem Jesus, dem von den Menschen Weggeworfenen, ahne ich, dass die Erlösung nicht wie von außen her geschehen ist, sondern dass Gott selbst in diesem Jesus sich hat wegwerfen lassen in die äußerste Verworfenheit. Was ist das für ein Gottessohn, der wie ein Weggeworfener neben zwei Verbrechern am Kreuz aufgehängt wird, mitten in einer Schutthalde?

Die meisten Menschen möchten wohl lieber an einen Gott glauben, der mit seiner Macht dazwischenfährt.

Herr, ich danke deiner armen Liebe.
Ich danke dir,
dass die verborgene Mitte der Welt
die Ohnmacht deiner gekreuzigten Liebe ist,
das durchbohrte Herz,
der Ort unseres Lebens!

Im ersten Petrusbrief, in dem dieses Wort vom Weggeworfenen steht, heißt es: »Kommt zu ihm, dem lebendigen Stein, der von den Menschen weggeworfen, aber von Gott auserwählt und geehrt wurde … Wer an ihn glaubt, der geht nicht zugrunde.«

5 *Da sah und erkannt ich den Schatten dessen, / der feig die große Weigerung begangen*

DANTE ALIGHIERI

In der großen Dichtung des Mittelalters, der »Göttlichen Komödie« von Dante, hat mich ein Wort angerührt. Dante ist auf seiner großen seherischen Wanderung durch die Kreise der höllischen Unterwelt, die ihm in der bilderreichen Phantasie seiner Zeit erscheint. Und da heißt es im dritten Gesang: »Da sah und erkannt ich den Schatten dessen, der feig die große Weigerung begangen.« Da ist also in diesem Schattenreich ein Schatten dessen, der in seinem Leben feig die große Weigerung begangen. Kein Name wird genannt. Viel hat man herumgerätselt, wen Dante wohl aus seiner Zeit des 13. Jahrhunderts gemeint haben könnte. Während er sonst die Namen der Verlorenen hinzufügt, bleibt es hier offen. Ob er überhaupt einen bestimmten Menschen gemeint hat? Ob sein Wort nicht jeden von uns wie ein Anruf erreichen will, den »Jedermann«?

Wir hören in der Geschichte Jesu von Menschen, die feig die große Weigerung begangen. Pilatus, dem Jesus als Angeklagter gegenübersteht – und Pilatus erkennt immer deutlicher: Das ist ein Mensch der Wahrheit! »Ich finde keine Schuld an ihm«, so sagt er. Aber feige begeht er die große Weigerung, die Verweigerung der Wahrheit: »Da überließ er ihnen Jesus zur Kreuzigung«, so sagt der Evangelist.

Da ist Petrus, der feig die große Weigerung begangen. »Warst nicht auch du bei Jesus von Nazaret?«, fragt ihn die Magd im Vorhof des Hohenpriesters. »Ich kenne den Menschen nicht«, antwortet Petrus.

Im Evangelium finden wir nicht wenige, die sich der Wahrheit und der Liebe verweigert haben. Angefangen von jenem älteren Bruder im Gleichnis vom verlorenen Sohn, von dem es heißt: »Er wollte nicht hineingehen.« Er wollte nicht hineingehen, als der barmherzige Vater ihn einlud, mit dem Heimgekehrten sich zu freuen. Bis hin zu Judas, den Jesus ein letztes Mal im Garten Getsemani einlädt, sich der Liebe nicht zu verweigern: »Freund, wozu bist du gekommen?«

Wir schauen in unser eigenes Leben. Gab es einmal eine Lebensstunde, von der ich heute, zurückschauend, bekennen muss: Da habe ich mich der Wahrheit, da habe ich mich der Liebe verweigert? Nicht in irgendeiner Alltagskleinigkeit, sondern in einem Augenblick, in dem gleichsam das Ganze der Wahrheit, der Liebe vor mir stand?

Als Petrus in der Verleugnung Jesu die große Weigerung begangen hatte, da schaute ihn Jesus voll Traurigkeit und voll Erbarmen an – und Petrus erkannte! Erkannte seine feige Schuld: »Er ging hinaus und weinte bitterlich.« Und bald kommt die Stunde, in der Petrus als ein von der Liebe Verwandelter die große Weigerung zurücknimmt: »Herr, du weißt alles, du weißt auch, dass ich dich liebe.«

6 *Sunt lacrimae rerum – Die Dinge haben ihre Tränen*
VERGIL

Es sind viele Jahre her, dass wir als Primaner in unserem guten, alten Kleinstadtgymnasium den großen lateinischen Dichter Vergil lasen. Neun Jahre Latein hatten uns so weit gebracht, dass wir schon fast mit ein bisschen Genuss die alten lateinischen Dichter lesen konnten. Und da steht nun in meinem kleinen Tagebuch mit den »Worten, die mich bewegten«, auch ein ganz kurzer lateinischer Satz, der mir von damals im Gedächtnis geblieben ist, das Wort Vergils: »Sunt lacrimae rerum.« Man kann es übersetzen: »Tränen hängen an allen Dingen.« Oder: »Die Dinge haben ihre Tränen.«

Ich weiß nicht, wie es gekommen ist, dass mich, den damals 17- oder 18-Jährigen, dieses Wort so bewegt hat, dass ich es nicht mehr vergessen habe. Ich bin dem, was das Wort meint, später im Leben oft begegnet, mehr als der 17-Jährige es je ahnen konnte: »Die Dinge haben ihre Tränen.«

Der Dichter Vergil, der dieses Wort geschrieben hat, ist neunzehn Jahre vor Christus gestorben. Er hat also von Christus nichts wissen können. Ist nun also dies Wort von den Tränen, die an den Dingen hängen, ein heidnisches Wort? Können wir Christen es nicht aufnehmen?

Wie kommt es, dass in alten Kirchenliedern diese Erde ein Tal der Tränen genannt wird? Wie kommt es, dass es ein geistliches Wort gibt von der »Gabe der Tränen«? Gilt das Wort, dass, wo Tränen sind, auch Tröstung möglich ist?

Ich denke daran, wie Jesus vor seinem Leiden vor dem Grabe seines Freundes Lazarus steht und wie das Evangelium sagt: »Da weinte Jesus« (Johannes 11,35). Aber durch den Schleier der Tränen sieht er die Auferstehung: »Lazarus, komm heraus!«, ruft er in die Todeskammer hinein.

Ich denke an das Wort des Hebräerbriefes, das von Jesus sagt: »Als er auf Erden lebte, hat er mit lautem Schreien und unter Tränen Gebete und Bitten vor den gebracht, der ihn aus dem Tode retten konnte, und er ist erhört und aus seiner Angst befreit worden« (Hebräer 5,7).

»Die Dinge haben ihre Tränen«, die Welt hat

ihre Tränen, sagt der heidnische Dichter. Aber die Offenbarung sagt uns: Durch den Schleier der Tränen schimmert das Licht. Schon liegt auch ein verborgener österlicher Glanz auf allen Dingen.

Immerfort durch Tränen sehe
Ich der Sonne liebes Licht,

sagt ein Vers von Eduard Mörike. »Die Dinge haben ihre Tränen« – »Sunt lacrimae rerum«, sagt der Dichter. Die Offenbarung sagt: »Gott wird abwischen alle Tränen von ihren Augen. Der Tod wird nicht mehr sein, keine Trauer, keine Klage, keine Mühsal. Denn was früher war, ist vergangen. Er, der auf dem Thron saß, sprach: Seht, ich mache alles neu« (Offenbarung 21,4–5).

7 *Was geschiehet, es sei alles gesegnet dir, / sei zur Freude gewandt!*

Friedrich Hölderlin

Mein kleines Tagebuch hat manche Zeile des Dichters Hölderlin aufgenommen. So auch diese: »Was geschiehet, es sei alles gesegnet dir, sei zur Freude gewandt!« Hölderlin hat dieses Wort um das Jahr 1800 geschrieben; wenige Jahre später fiel er in Umnachtung, die fast vier Jahrzehnte bis zu seinem Tode währte.

»Was geschiehet, es sei alles gesegnet dir.« Was auch immer geschieht: alles soll wie ein Segen für dich sein! Was für ein Wort der alles umfassenden Bejahung! Welch eine Gläubigkeit steht hinter solchem Wort! Ja, wenn es nur ein schönes Dichterwort wäre, eine wunderschöne Phrase gleichsam, nicht vom Leben gedeckt – dann brauchte es uns nicht zu bewegen. Aber wenn man weiß, dass dieses Wort von einem Dichter gesagt wurde, der ein Leidender war, der mit seinem so früh verschatteten Leben ein Diener der Wahrheit sein wollte, dann vermag dieses Wort uns wohl zu berühren: »Was geschiehet, es sei alles gesegnet dir, sei zur Freude gewandt!« Hätten wir den Mut, dieses Wort mitzusprechen? Könnten wir es von unserem Leben her bejahen?

Was den Dichter bewogen hat, dieses Wort sprechen zu können, war der Glaube, dass die ganze Schöpfung durchatmet und beseelt ist vom Geist Gottes: »Sind denn dir nicht verwandt alle Lebendigen?«, so beginnt das Gedicht. Und dann fährt er fort: »Drum! so wandle nur wehrlos / Fort durchs Leben und zage nicht!«

Ich suche nach Worten des Neuen Testaments, die mir helfen, dieses Wort als Christ annehmen zu können. Und ich lese beim Apostel Paulus: »Denen, die Gott lieben, gereicht alles zum Guten« (Römer 8,28). Und: »Weder Tod noch Leben … kann uns scheiden von der Liebe Gottes« (Römer 8,38). Und: »Alles ist euer, ihr aber gehört Christus« (1. Korinther 3,22 f.).

»Was geschiehet, es sei alles gesegnet dir, sei zur Freude gewandt!« Steht dem nicht entgegen die bittere Lebenserfahrung, das Leid der Welt, die Abgründe von Bosheit in der Welt? Steht ihm nicht entgegen die Schrecklichkeit der Passion und die Furchtbarkeit des Kreuzes?

Und dennoch! Es gibt ein Ja-Wort, das unendlich kostbarer ist als jedes Dichterwort. Ich finde es im ersten Kapitel des zweiten Korintherbriefes: »Christus ist das Ja zu allem, was Gott verheißen hat!« Dieses Ja Gottes zur Welt ist Ostern! Ist das Leben der Auferstehung! Und dieses Ja Gottes, das trotz allem nie mehr zurückgenommen wird, dieses Ja Gottes, das der gekreuzigte und auferstandene Christus ist, sagt mir, dass es zuletzt auf die Freude zugeht. Und so versuche ich, im Glauben des Christen das Wort mitzusprechen: »Was geschiehet, es sei alles gesegnet dir, sei zur Freude gewandt!«

III.
Worte aus der Nacht

Lasst uns die
gegenwärtige Gnade lieben

1 *Lasst uns die gegenwärtige Gnade lieben*
IGNATIUS VON ANTIOCHIEN

In dem Brief an die Gemeinde von Ephesus schreibt Ignatius: »Lasst uns die gegenwärtige Gnade lieben!« Das schreibt ein Mann, der gefesselt in einer Soldatenkohorte auf dem Weg ins Martyrium ist. Offenbar sieht er in dem, was gegenwärtig mit ihm geschieht, ein Angebot der Gnade. Und wirklich schreibt er sofort nach diesem Satz: »Ich trage in Christus die Fesseln herum, die geistlichen Perlen, in denen mir die Auferstehung zuteil werden möge.« Er hat die Glaubenskraft, die Fesselung zu sehen als Bindung an Christus, den Auferstandenen, dessen Schicksal er teilen wird.

»Lasst uns die gegenwärtige Gnade lieben.« Er sagt nicht: Lasst uns das Angebot der Stunde ergreifen oder nutzen, sondern er sagt: »lieben«! Und in diesem »Lieben« klingt etwas Personales mit, denn lieben kann man zuletzt nur ein Du. Und für Ignatius ist dieses Du Christus. Und tatsächlich geht dieses Wort »Lasst uns die gegenwärtige Gnade lieben« bei Ignatius so weiter: »um nur in Christus Jesus erfunden zu werden zum wahren Leben.«

Ignatius will uns sagen: Nimm doch wahr, wie in deiner jetzigen Lebenssituation Christus dir nahe sein will. Nimm doch wahr, wie du in dieser Lebensstunde Verbundenheit, Verwandtschaft, Gesinntheit mit Christus finden kannst!

Es gibt ein kleines Gedicht des Dichters Andreas Gryphius, der in der Zeit des Dreißigjährigen Krieges gelebt hat. Es lautet:

Mein sind die Jahre nicht,
die mir die Zeit genommen,
mein sind die Jahre nicht,
die etwa möchten kommen.
Der Augenblick ist mein,
und nehm ich den in Acht,
so ist der mein,
der Jahr und Ewigkeit gemacht.

Auch hier ist der Anruf: Nimm die gegenwärtige Stunde wahr, in ihr ist das Angebot der Ewigkeit. Aber das Wort von Ignatius »Lasst uns die gegenwärtige Gnade lieben«, es hat einen anderen

Klang. Es hat von seinem ganzen Zusammenhang her eine einzige Beziehung: Jesus Christus! Jetzt, in dieser deiner Lebensstunde, will dir Christus nahe sein. Nimm es wahr in liebender Aufmerksamkeit, in liebender Wachsamkeit. In seiner Nähe liegt Leben, liegt Auferstehung.

2 *Rette mich, Herr, mit deiner Hand vor den Männern, die im Leben schon alles haben*

Psalm 17, 14

Da bin ich auf ein Gebetswort gestoßen, ein paar Zeilen nur, vor zweieinhalbtausend Jahren gebetet, und mir kommt es vor, als sei es für heute geschrieben, ja als sei es erst heute in unseren Tagen richtig gültig geworden!

Das Gebet heißt: »Rette mich, Herr, mit deiner Hand vor den Männern, die im Leben schon alles haben!« In der nächsten Zeile geht es dann weiter: »Ihren Leib füllst du mit Gütern, ihre Söhne werden auch noch satt und hinterlassen den Enkeln, was übrig bleibt.«

»Rette mich, Herr, mit deiner Hand vor den Männern, die im Leben schon alles haben.« Ich spreche dieses Wort und denke: So ist es doch heute: »alles haben«, alles ist zu haben – »ihren Leib füllst du mit Gütern«: Überfülle von Gütern – »... und hinterlassen den Enkeln, was übrig bleibt«. – Ja, was wird schon den Enkeln übrig bleiben auf der ausgebeuteten Erde?

Auf einmal erschrecke ich: Gehöre ich denn nicht selbst dazu, zu den Männern, die im Leben schon alles haben? Ist das denn nicht auch in mir: das Haben, das Festhalten, das Ansichreißen, das Sichsättigen mit dem, was man haben kann? Und auf einmal ist dieses Wort *meine* Bitte, *mein* Bittruf geworden: Rette mich, Herr, vor mir selber! Vor dem Menschen in mir, der satt geworden ist im Schon-alles-Haben. Rette mich vor der angeberischen Welt in mir, die *vor*gibt, sie könne *her*geben, was ich zum Leben, zum wahren Leben brauche!

Rette mich, Herr, vor dem Menschen in mir, der den Hunger nicht mehr kennt, den Hunger, den das nicht stillen kann, was zu haben ist, was zu machen ist. Rette mich, Herr, vor dem Menschen in mir, der sich nicht mehr ausstreckt, der nicht mehr im Tiefsten seiner Seele arm ist. Wie ein Hilferuf in Lebensgefahr ist das: Rette mich, Herr, vor dem Haben!

Der Mann, der zum ersten Mal diesen Psalm gebetet hat, vor mehr als zweieinhalbtausend Jahren, dieser Mann muss ein Liebender gewesen sein. Denn nachdem er diesen Bittruf gebetet hat: »Rette mich, Herr, mit deiner Hand vor den

Männern, die im Leben schon alles haben. Ihren Leib füllst du mit Gütern, ihre Söhne werden auch noch satt« – nachdem er so gesprochen hat, schließt er sein Gebet mit einem Satz, den, so meine ich, nur ein Liebender beten konnte: »*Ich* aber will dein Angesicht schauen, satt mich sehen an deiner Gestalt beim Erwachen.«

Sein Herz, nicht angefüllt mit Sachen, die man haben kann, geht auf das Einzige, was das Herz sättigen kann: auf das Du! Das Antlitz! Sein Du! Sein Antlitz!

3 *Das Fenster nach Jerusalem*
DANIEL 6,11

Ein junger Mann wird als Gefangener in das Land des Siegers verschleppt. Da er von ungewöhnlicher Begabung ist und aus edlem Geschlecht stammt, muss er Dienst am Königshof des fremden Landes tun. Im Laufe der Jahre steigt er zu hohen Ehren auf. Bald sind die Neider da. Sie hecken einen Plan aus, der Daniel – so heißt der junge Mann, von dem uns die Bibel berichtet – in höchste Lebensgefahr bringt. Daniel spürt die tödliche Gefahr. Da heißt es in dem Bericht der Bibel: »Daniel ging in sein Haus. In seinem Obergemach waren Fensteröffnungen nach Jerusalem hin. Dort kniete er dreimal am Tage nieder und richtete sein Gebet und seinen Lobpreis an seinen Gott, ganz so, wie er es gewohnt war« (Daniel 6,11).

Während die Häscher schon sein Haus lauernd umschleichen, tut Daniel das, was er als gläubiger Jude in dem fremden Land heidnischer Gottheiten Tag für Tag durchgehalten hat. Er sucht die Richtung nach Jerusalem, das nicht nur seine Heimat ist, sondern das für ihn der Ort des einen, wahren, lebendigen Gottes ist.

In seinem Obergemach sind die Fenster nach Jerusalem hin, da kniet er dreimal am Tag und spricht die Preisung Gottes. Die Fremde, in der er lebt, will ihn seinem Glauben und sich selbst entfremden, aber er sucht Tag für Tag den Ort seiner Verwurzelung, wo er sich gehalten weiß, wo seine wahre Beheimatung ist: den Ort seiner Lebenskraft, den Ort seines Vertrauens.

Er kann Jerusalem, den Ort seiner Verankerung, nicht sehen, aber er sucht durch das offene Fenster die Richtung und weiß, dass Jerusalem da ist, die Stadt des lebendigen Gottes; dahin Bitte und Preisung zu richten, hat er Tag für Tag so geübt, dass auch in der Stunde der tödlichen Gefahr, die sein Haus umschleicht, die Gelassenheit da ist, gerade jetzt zu tun, wie er es gewohnt war.

Wir leben in unserer säkularisierten, technisierten Welt wie in einer Fremde, umgeben von der tödlichen Gefahr, uns selber zu verlieren; umgeben von einer Lebensbedrohung, die uns ortlos, heimatlos, sinnlos machen will. Die Gefahr, die sich geschickt zu tarnen weiß, umschleicht lauernd unser aller Lebenshaus.

Und da das Fenster nach Jerusalem! Ausschau halten auf das hin, wovon wir *eigentlich* leben! Das offene Fenster: das Leben durchsichtig machen auf unsere wahre Beheimatung hin.

4 *All ihr Tränen, preist den Herrn*
DANIEL 3,51–90

So hatte ich ihn in Erinnerung, den fast Achtzigjährigen: eine zarte Gestalt, das Gesicht und die Hände von Vergeistigung wie durchsichtig geworden. Er war seit Jahren blind. Nur unter Schmerzen konnte er sich bewegen. Nach seinem Tod fand man die Bitte: das Wort für seinen Totenzettel, der beim Begräbnis verteilt wird, solle heißen: »Benedicite omnes lacrimae Dominum – All ihr Tränen, preist den Herrn!«

Er hat seine Bibel gut gekannt. Wie oft hatte er in ihr das Preislied gelesen, in dem es heißt:

Preist, Sonne und Mond, den Herrn.
Preist, ihr Nächte und Tage, den Herrn.
Preist, ihr Meere und Flüsse, den Herrn.
Preist, ihr Menschenkinder, den Herrn ...

Aber die Tränen sind nicht darunter in diesem Preislied. Die fügte er hinzu: »All ihr Tränen, preist den Herrn!«

Das Wort, von seinem Leben her glaubwürdig geworden, erinnert mich an eine Erfahrung, die mancher Glaubende wohl schon gemacht hat, die auch der kaum noch Glaubende oder nicht mehr Glaubende machen kann. Eine seltsame, ungereimte Erfahrung.

Ich möchte diese Erfahrung beschreiben, wie sie mir jemand mitteilte, der sie selber gemacht hat. Er ist Journalist, gefordert von einem harten Arbeitstag. Er sagte: Mein Glaube und meine Glaubenspraxis waren immer mehr an den Rand gedrängt worden. Manche Verbitterung war da. Es gab keine Zeit und bald auch keine innere Bereitschaft mehr zur Besinnung, geschweige denn zum Beten. Da bekamen wir unser erstes Kind. Unsere Freude war unbeschreiblich. In dieser Freude kam spontan in mir ein Danken zu Gott hin auf, immer wieder. Bald fragte ich mich: Warum tust du das nur jetzt? Warum tust du es nicht sonst auch? Von dem Tag an begann ich öfter, wenn es mir einfiel, in den Ereignissen und Erlebnissen, ein Wort der Lobpreisung zu Gott hin zu sagen, nicht eigentlich in einem formulierten Wort, sondern in einer Art innerer Bewegung, die etwa bedeutet: Gott, ich danke dir! Gott, du bist gut!

Seitdem ich es tue, hat sich mein Leben verwandelt. Manchmal schon kommt mir das innere Wort der Preisung zu Gott hin in den Sinn bei einem Ereignis, das nichts als Last und Sorge ist. Ich habe den Eindruck, dass mein Vertrauen gewachsen ist, dass ich gelernt habe, durch den Vordergrund der Ereignisse hindurch einen Hintergrund zu ahnen, der mir dieses Vertrauen auf eine geheimnisvolle Weise zuspricht. –

Ob das ein Weg für uns sein kann? Auf die kleinen Zeichen achten, die immer wieder gegeben werden, *und dafür danken!* Eine bereitwillige Aufmerksamkeit und in ihr ein inneres Wort der Danksagung, der Lobpreisung zu Gott hin!

Dieses Übersteigen unser selbst – vielleicht öffnet es vor uns ein freies Feld, indem wir etwas ahnen von dem, was das Wort von Charles de Foucauld meint: »Wie werde ich daran froh, dass Gott Gott ist!«

5 *Er wird abwischen jede Träne*
Offenbarung 21,4

Ich sah auf einem Bahnsteig einen Greis auf die Ankunft eines Zuges warten, er trug ein paar kleine Blumen in seiner Hand. Als der Zug eingelaufen war und der Strom der Menschen an ihm vorbeiging, suchten seine Augen hierhin und dorthin. Den er erwartete, war nicht gekommen. Der alte Mann blieb immer noch wartend stehen, als könne er die tiefe Enttäuschung nicht glauben. Dann ging er langsam die Treppe hinunter, sein Mund bewegte sich wie sprechend, von seinen Augen liefen die Tränen. Es war niemand da, der mit ihm sprach.

Für einen Augenblick durchfuhr es mich mit Erschrecken: Was ich da sah – war das ein Bild für das, wie es mit dem Menschen überhaupt ist? Wird es zuletzt mit uns allen so sein? Läuft unser Dasein mit all seinen Erwartungen und Hoffnungen zuletzt auf eine einzige Enttäuschung hin?

Die Dichterin Marie Luise Kaschnitz fragt in einem Gedicht:

Wie sie uns drüben empfangen
Wenn
Sie uns empfangen?
Ob es das gibt
Ein Du?

Auf den letzten Seiten der Bibel steht das Wort: »Siehe da, die Hütte Gottes unter den Menschen, er wird mit ihnen wohnen, und sie werden sein Volk sein, und er wird Gott mit ihnen sein. Und er wird abwischen jede Träne aus ihren Augen« (Offenbarung 21,3–4). Das Ganze der Offenbarung, das Ganze der Geschichte Gottes mit den Menschen mündet in dieses Wort: »Siehe da, die Hütte Gottes unter den Menschen.« Gott wohnt in der Menschenwelt. Dahin mündet der Weg Gottes: bei den Menschen, unter den Menschen. *So* wird das Letzte gesagt in diesem Bildwort: Nähe! Verbundenheit! Keine Verlassenheit, kein Alleingelassensein mehr. »Er wird mit ihnen sein, er wird abwischen jede Träne.«

Die Verheißung beginnt mit dem Wort »Seht!« »Seht, die Wohnung Gottes unter den Menschen!« Ist schon etwas davon zu sehen? Alles sammelt sich in dem einen Menschensohn, der unter uns gelebt hat, der verborgen unter uns lebt: menschliche Nähe Gottes.

Aber auch überall da, wo Menschen etwas ermöglichen an Geborgenheit, an Beheimatung, an Friede; wo Menschen etwas schenken an Angenommensein, an Zuwendung, an Begegnung; wo Menschen Tränen abwischen …: Da ist etwas von diesem »Seht!« Da beginnt die Verheißung von der Nähe Gottes unter den Menschen ihre Glaubwürdigkeit zu bekommen – ein Schimmer der künftigen Erfüllung fällt auf unsere Erde.

6 *Die Tür*
Offenbarung 3,8

Im Januar 1945 wurde ich eines Nachts von einem Offizier einer deutschen Strafkompanie benachrichtigt, dass ich zur Verfügung stehen müsse, wenn ein zum Tode verurteilter Soldat vor seiner Hinrichtung einen Pfarrer wünsche. Der wegen »Fahnenflucht« verurteilte Soldat war achtzehn Jahre alt. Gegen 6 Uhr in der Frühe wurde ihm das Urteil gesprochen, zwei Stunden später, im Morgengrauen, sollte das Urteil vollstreckt werden. Nun saß ich mit ihm in der Stube eines verlassenen Bauernhauses zusammen. Seine Hände waren gefesselt, draußen vor der Tür und vor dem Fenster stand je ein Soldat mit seiner Maschinenpistole. Nach dem furchtbaren Schweigen der ersten Minuten – gerade hatte ihn das nie erwartete Todesurteil getroffen – war seine erste Frage: »Gibt es keinen Ausweg mehr?«

Nein, es gab keinen Ausweg mehr. Zwei Stunden später war in einer Sandgrube die Erschießung, zu der die ganze Kompanie »zur Abschreckung« antreten musste. Ich blieb neben dem Verurteilten stehen, als er an einen Pfahl angebunden wurde, und verließ ihn, als das erste Kommando erklang, mit einem Wort letzter Hoffnung.

»Gibt es keinen Ausweg mehr?« An diese Frage des Achtzehnjährigen denke ich, wenn ich das Wort in der Geheimen Offenbarung lese: »Ich habe vor dir eine Tür aufgetan, die niemand mehr schließen kann« (Offenbarung 3,8). Der dieses Wort spricht, ist selber vor die dunkle Todeswand gekommen: »Gott, mein Gott, warum hast du mich verlassen?« Aber er ist es auch, der in unerhörter Weise die offene Tür erfahren hat: die Auferstehung, *das* Leben! Kein anderer kann uns dieses Wort zusprechen: »Ich habe dir eine Tür aufgetan, die niemand mehr schließen kann«, die Tür in die bleibende Freiheit, in *das* Leben! –

Wir leben nicht oft in solch sich verdichtenden Lebensstunden, in denen dieses Wort für unseren Glauben seine letzte, äußerste Verheißungskraft gewinnt. Wir leben im Alltag. Aber auch auf diesen Alltag sollte ein Schimmer fallen von dem Licht dieses Wortes. Vielleicht bürdet der Tag uns eine Last auf, von der wir nicht wissen, wie wir sie bis zum Abend durchtragen können. Wie aber, wenn es nicht nur dieser Tag ist, sondern wenn wir überhaupt keinen Ausweg mehr sehen aus der Sorge und Not des Lebens?

Manchmal erfahren wir, wie ein letztes, kaum noch vom Bewusstsein erkennbares Daseinsvertrauen uns trotz allem die Kraft gibt weiterzugehen. Dieses Daseinsvertrauen ist keine Selbsttäuschung. Es gründet nicht nur in etwas, das in uns selber ist. Von vorne, von unserer eigentlichen Zukunft her kommt unserem Weg dieses Wort entgegen, das der glaubwürdigste Zeuge uns sagt: »Ich habe dir eine Tür aufgetan, die niemand mehr schließen kann.«

7 *Als der Morgen dämmerte, stand Jesus am Ufer*
JOHANNES 21,4

Wenn es ein Buch gäbe mit dem Titel: »Die großen Fragen der Menschheit«, dann würden gewiss in diesem Buch an erster Stelle die Fragen stehen: Wohin gehen wir? Worauf geht alles zu? Gibt es einen Sinn? Gibt es ein Ziel? Was ist das Ziel?

In einem Buch, in dem zu diesen Fragen Stimmen aus dem heidnischen Altertum gesammelt sind, las ich das Wort des Kaisers und Philosophen Marc Aurel: »Was heißt das alles? Du stiegst in den Kahn, du machtest deine Fahrt, du landetest: Steig aus!«

Es ist das Bild vom Lebensschiff. Im Altertum hatten die Menschen die Vorstellung, dass man nach dem Tode in der Unterwelt mit einem Kahn über einen Strom setzen würde. »Was heißt das alles? Du stiegst in den Kahn, du machtest deine Fahrt, du landetest: Steig aus!«

Und was kam dann? Wer konnte es wissen! Nebel, Schattenreich, Dunkelheit.

Das Wort Marc Aurels kommt aus der Frage: Wohin gehen wir? »Was heißt das alles?«, so fragt er. Aber die Antwort, die er gibt, ist keine Antwort: »Du stiegst in den Kahn, du machtest deine Fahrt, du landetest: Steig aus!«

Als ich das Wort las, kam mir ein anderes Bild in den Sinn. Auch da ist das Boot, das auf das Ufer zutreibt. Das Bild steht im letzten Kapitel des Johannesevangeliums. Auch hier geht es um die Frage: Hat alles einen Sinn? Erfüllt sich unser Leben?

Das Boot der Jünger treibt dem Ufer zu. Eine ganze lange Nacht ist vergangen, die Netze sind leer geblieben. Und da steht der Satz: »Als der Morgen dämmerte, stand Jesus am Ufer.« Noch einmal werfen sie, auf sein Wort hin, die Netze aus – und sie füllen sich schwer. »Kommt, lasst uns das Mahl halten«, so lädt er sie ein. So ist er mit ihnen verbunden. Und nach dem Mahl fragt er den einen: »Simon, liebst du mich?«

Der Philosoph des Altertums sagt: »Was heißt das alles? Du stiegst in den Kahn, du machtest deine Fahrt, du landetest: Steig aus!« Und was kommt dann? Wer kann es wissen! Nebel, Schattenreich, Dunkel? Das Evangelium sagt: »Als der Morgen dämmerte, stand Jesus am Ufer.« Es geht auf den österlichen Morgen zu, auf den neuen Tag: es geht auf ein Du zu! Das Mahl und die Frage: »Liebst du mich?« Es geht auf Verbundenheit zu, auf das Wort der Liebe! »Liebst du mich, mehr als diese?«

Die Nacht lag zurück, die leer gebliebenen Netze: ein Leben wie ohne Sinn. Und dann: »Als der Morgen dämmerte, stand Jesus am Ufer.« Und: »Werft das Netz aus, so werdet ihr finden!« – Sinn, der von ihm her kommt, da, wo bei uns nichts mehr zu erwarten ist.

Einer wartet auf uns! »Als der Morgen dämmerte, stand Jesus am Ufer.« Wenn wir das glauben können, dann kann jeder Tag ein kleiner Schritt sein hin auf einen letzten Sinn, auf die Erfüllung zu. Und die ist Er!

IV.

Worte der Hoffnung

Dort angekommen,
werde ich Mensch sein

1 *Lasst mich reines Licht empfangen! Dort angekommen, werde ich Mensch sein*

IGNATIUS VON ANTIOCHIEN

Als Ignatius in Fesseln nach Rom gebracht wurde, wusste er, dass dort der Martyrertod auf ihn wartete. In einem Brief an die junge Christengemeinde von Rom, den er unterwegs vorausschicken konnte, bat er die Gemeinde, nichts für ihn zu seiner Befreiung zu unternehmen. Schon lebte er mit der ganzen Sehnsucht in der kommenden Welt. Er schreibt: »Lasst mich reines Licht empfangen! Dort angekommen, werde ich Mensch sein.« Schon vorher hatte er seinen Gefangenenweg, der vom Osten, von Sonnenaufgang, nach Westen, nach Sonnenuntergang, ging, in tiefere Beziehung gebracht mit den Worten: »Gott hat den Bischof von Syrien gewürdigt, sich im Sonnenuntergang zu befinden, herbeigeholt vom Aufgang: Schön ist es, von der Welt unterzugehen zu Gott, damit ich bei ihm aufgehe.« Und in bewegten Worten fügte er im Blick auf das Martyrium hinzu: »Weizen Gottes bin ich, und durch die Zähne der Bestien werde ich gemahlen, damit ich als reines Brot Christi erfunden werde.«

Was ist dies für eine Glaubenssicht des Todesdurchganges, wenn er an die Christen in Rom schreibt, sie sollten nichts zu seiner Befreiung tun: »Haltet mich nicht ab vom *Leben*, verschenkt den, der Gottes sein will, nicht an die Welt! Lasst mich reines Licht empfangen! Dort angekommen, werde ich Mensch sein.«

Solche Worte sind nur möglich in einem sehr reifen Glauben, der aus der Christusnähe kommt. »Lasst mich reines Licht empfangen! Dort angekommen, werde ich Mensch sein.« Im Licht, das aus dem Antlitz Christi auf ihn übergeht, wird er Mensch sein, wird er ganz er selbst sein; da wird er der sein, auf den er sein ganzes Leben suchend und hoffend zugewandert ist.

In jedem von uns lebt die offene oder verschüttete Sehnsucht, einmal »anzukommen«, einmal ganz zu sein, der zu sein, der ich in der Tiefe meines Wünschens sein möchte. Ignatius spricht uns als starker Glaubenszeuge diese Hoffnung zu: Das reine Licht wartet auf uns! Und in diesem Licht, das Christus selbst ist, werden wir dann endlich uns selbst ganz gefunden haben. Dann werden wir angekommen sein. Dann werden wir endlich zu Hause sein. »Lasst mich reines Licht empfangen! Dort angekommen, werde ich Mensch sein.«

2 *Mensch, wo bist du?*
GENESIS 3,9

Die erste Frage Gottes in der Bibel heißt: »Adam, Mensch, wo bist du?« –

Eine rabbinische Geschichte erzählt: Als Rabbi Schneur Salman in Petersburg gefangen saß, weil er von Gegnern verleumdet worden war, und dem Verhör entgegensah, kam der Oberst der Gendarmerie in seine Zelle. Das mächtige und stille Antlitz des Gefangenen, der ihn zuerst, in sich versunken, nicht bemerkte, ließ den Obersten ahnen, welcher Art sein Gefangener war. Er kam mit ihm ins Gespräch und brachte bald manche Frage vor, die ihm beim Lesen der Bibel aufgetaucht war. »Wie ist es zu verstehen, dass Gott, der Allwissende, zu Adam spricht: Wo bist du?« – »Glaubt Ihr daran«, entgegnete der Rabbi, »dass die Schrift lebendig ist und jede Zeit, jedes Geschlecht und jeder Mensch in ihr beschlossen sind?« – »Ich glaube daran.« – »Nun wohl«, sagte der Rabbi, »in jeder Zeit ruft Gott jeden Menschen an: Wo bist du in deiner Welt? So viele Jahre und Tage von den dir zugemessenen sind vergangen – wohin bist du derweilen in deiner Welt gekommen? So etwa spricht Gott: Sechsundvierzig Jahre hast du gelebt, wo stehst du?«

Als der Oberst die Zahl seiner Lebensjahre nennen hörte, raffte er sich zusammen, legte dem Rabbi die Hand auf die Schulter und rief: »Bravo!« Aber sein Herz flatterte! –

Die erste Frage Gottes verstummt nie mehr. Immer wieder verstecke ich mich, verliere ich mich, fliehe ich, zerstreue ich mich – es gibt so viele Weisen, sich zu verstecken. Und immer wieder ist seine Frage da: Wo bist du?

Er will mich zurückrufen unter sein Antlitz. Dass ich wieder da bin, wahrhaftig bin mit meinem Leben, Antwort gebe, mich stelle …

Ich setze meinen Namen ein, da, wo Adam steht, und ich bin betroffen!

Wenn ich mich Gott stelle mit meinem Leben, bete ich; und wenn ich bete, stelle ich mich Gott. Wer betet, hört auf zu fliehen; wer betet, hört auf, sich zu verstecken.

Kann ich mich Gott stellen? Kann mein Leben, so wie es jetzt ist, wie es geworden ist, vor ihm bestehen? Mein Leben muss nicht ganz sein, um vor ihm bestehen zu können. Es wird ganz, indem ich mich ihm stelle. Mag es noch so zerbrochen, halb, verschuldet sein: wenn ich nur vor sein Antlitz komme – er nimmt mich an. Und indem er mich annimmt, wird mein Leben ganz!

3 *Gott, wo bist du?*
Jesaja 45,15

Die erste Frage, die Gott in der Bibel stellt, heißt: »Adam, Mensch, wo bist du?« Der Mensch versteckt sich vor Gott, und Gott ruft ihn an mit dieser Frage: Mensch, wo bist du?

Aber haben wir nicht unsere Gegenfrage an Gott: Gott, wo bist du? Versteckt sich Gott nicht auch vor uns? »Du bist ein Gott, der sich verbirgt«, sagt der Prophet Jesaja (Jesaja 45,15). Und offenbar will Gott, dass wir ihn suchen, dass wir diese Frage haben: Gott, wo bist du?

Eine jüdische Geschichte erzählt: Rabbi Baruchs Enkel, der Knabe Jechiel, spielte einst mit einem anderen Knaben Verstecken. Er verbarg sich und wartete, dass ihn sein Gefährte suchte. Als er lange gewartet hatte, kam er aus dem Versteck; aber der andere war nirgends zu sehen. Nun merkte Jechiel, dass jener ihn von Anfang an nicht gesucht hatte. Weinend kam er in die Stube seines Großvaters gelaufen und beklagte sich über den bösen Spielgefährten. Da flossen Rabbi Baruch die Augen über, und er sagte: »So spricht Gott: Ich verberge mich, aber keiner will mich suchen …«

Ich bin überzeugt: Für jeden Menschen ist es anders, dieses Sichverbergen Gottes, dieses »Versteckenspiel« Gottes. Und so muss jeder Mensch sich immer wieder neu aufmachen und suchen, wo Gott sich in seinem Leben verbirgt. Gott, wo bist du in *meinem* Leben?

Oft sucht sich Gott in unserem Leben sonderbare Verstecke aus; da, wo wir ihn wirklich nicht vermuten würden: eine Krankheit, eine Verlassenheit, die schmerzliche Erfahrung unserer Grenze, der graue Alltag, die Last eines Menschen … eine Entscheidung, eine Begegnung, eine Sehnsucht …

Er versteckt sich, und wir sind eingeladen, ihn zu suchen. Wo er sich versteckt, ist er nahe! Wenn ich *anfange*, nach ihm zu suchen, gibt er mir Zeichen, flüchtige, für einen Augenblick aufscheinende; verrät er sich für einen winzigen Augenblick – fast wie Kinder es tun beim Versteckenspiel –, selbst wenn er sich dann noch tiefer versteckt.

Die Zeichen, die er uns gibt, wenn wir uns darauf einlassen, ihn zu suchen, da, wo er sich in unserem Leben verbirgt, diese Zeichen – wie sehen sie aus? Ich weiß es nicht; aber ich glaube, dass sie etwas zu tun haben mit einer Art Frieden, der in uns aufkommt in dem Augenblick, wo wir uns auf sie einlassen.

Welch ein Abenteuer, das Versteck Gottes in unserem Leben immer wieder aufzuspüren!

Augustinus betet – sind es nicht Worte wie vom Fangen und Versteckenspiel? –: »Herr, mein Gott, nachlaufen will ich hinter deiner Stimme und dich fassen. Verbirg dein Angesicht nicht vor mir.«

4 *Die gute Erinnerung als Hilfe zur Hoffnung*

In einem Gesprächskreis wurde der Vorschlag gemacht, jeder möchte doch aus seiner Erfahrung mitteilen, was ihm als »Lebenslehre«, als »Lebensregel« besonders wichtig und hilfreich geworden sei. Da äußerte einer der Teilnehmer: Jeder von uns kennt Zeiten in seinem Leben, in denen es schwer wird durchzuhalten. Krankheiten, berufliche Fehlschläge, Sorgen in der Familie, Enttäuschungen mit Menschen, Depressionen –, jeder weiß dieser Kette ein Glied hinzuzufügen. In solchen Zeiten nicht zu resignieren, sich nicht erdrücken zu lassen – ich habe gefunden, dass *mir* da die gute Erinnerung hilft.

In einem Buch, das Interviews mit Sterbenden veröffentlicht, hat mich die »Lebensphilosophie« eines dreiundfünfzigjährigen Schwarzen sehr beeindruckt, der an einer schmerzlichen und unheilbaren Krankheit litt und der auch wusste, dass diese Krankheit zum Tode führen würde. Als die Ärztin ihn fragte, ob er manchmal daran denke, dass er nicht wieder gesund werde, antwortete er: »Natürlich. In vielen Nächten, in denen man nicht schlafen kann, denkt man über eine Million Dinge nach« in der Nacht. Aber man soll sich nicht dabei aufhalten. Ich habe eine schöne Kindheit gehabt; ich kann mich immer wieder zusammenreißen und an frühere Ereignisse denken. Wir hatten da so eine alte Kiste, mit der wir in der Gegend herumfuhren, wir kamen ganz schön herum – die meisten Wege waren noch nicht gepflastert, man versank manchmal bis zur Radnabe im Schlamm. Dann musste man die Karre rausziehen oder schieben. Ich glaube, ich habe eine wunderbare Kindheit gehabt. Meine Eltern waren sehr nett, es gab nie Streit oder schlechte Laune – es war wirklich herrlich. Daran denke ich also, und dann sage ich mir, dass es ein schönes Leben war. Ich sehe mich um und sage, dass ich meine ›Bonus-Tage‹ gehabt habe.« Darauf die Ärztin: »Sie wollen sagen, dass Sie ein erfülltes Leben gehabt haben. Aber wird das Sterben dadurch leichter?« – »Ich denke nicht ans Sterben, ich denke an Leben!« (E. Kübler-Ross, Interviews mit Sterbenden).

Vielleicht wird mancher dieser »Lebensphilosophie« nicht zustimmen wollen. Aber der sie in der Gesprächsrunde mitteilte, hatte für sich die Erfahrung gemacht, dass es ihm hilft, in dunklen Zeiten sich des Guten zu erinnern, das er einmal erlebt hat. Ja, wenn es angeht, so meinte er, sollte man sogar die Orte aufsuchen, mit denen die gute Erinnerung verbunden ist: den Ort oder die Landschaft der guten Kindheits- und Jugenderlebnisse, der Freundschaft, der gläubigen Erfahrung …

Es könnte sich wohl ein Einwand erheben: Ist das nicht Flucht in die Vergangenheit, Ausweichen vor der Realität der Gegenwart und ihrer Bewältigung? Ja, das kann es auch sein. Aber die Erinnerung an das Gute kann auch den Blick freilegen auf die Zukunft. In der Schilderung des Sankt-Rochus-Festes zu Bingen macht Goethe die Bemerkung: »Die jungen Leute traten gleichgültig anher. Denn sie, in böser Zeit geborene, konnte das Fest an nichts erinnern; *und wer sich des Guten nicht erinnert, hofft nicht.*«

Die Erinnerung an Erlebnisse, in denen wir aus der Fülle des Lebens leben konnten, kann uns vielleicht wieder aus eigener Erfahrung die

Kraft des Vertrauens geben: dass doch etwas Verlässliches da ist, aus dem Hoffnung hervorgehen kann.

Die Christen nennen ihre gottesdienstliche Feier: Memoria, Erinnerung, Gedächtnis an Tod und Auferstehung des Herrn. Und sie glauben, dass *diese* Erinnerung dichteste Gegenwart und Verheißung *der* Zukunft ist.

5 *Das gute Kontinuum*

Wir alle kennen Zeiten, in denen es so aussieht, als wanderten wir durch eine tiefe, dunkle Schlucht. Wir denken, lange kann es so nicht mehr weitergehen – ob ich noch einmal herauskomme?

Einmal habe ich eine Zeit lang mit jemandem zusammenarbeiten können, bei dem ich es erlebte, wie er eine schwere Zeit mit einer erstaunlichen Durchhaltekraft bestand. Später habe ich ihn einmal danach gefragt. Seine Antwort verstand ich zunächst nicht ganz, er sagte: »Man muss in solchen Zeiten und Entscheidungssituationen das gute Kontinuum, die gute durchgehende Grundlinie seines Lebens wahrnehmen. Jeder Mensch hat es schon erlebt, wie er durch schwierige Krisenzeiten hindurchgekommen ist. Da gab es Hilfe von außen, da gab es aber auch – und das wird wichtiger sein – Hilfe aus dem eigenen Leben, von innen her. Man muss sich erinnern: Was war da, in dieser schwierigen Situation in meinem eigenen Wesen, das mir geholfen hat, durchzuhalten? Jeder hat in sich einen guten Grundzug, eine gute Grundleitlinie, Grundanlage seines Wesens: diesen tiefsten guten Grundzug erspüren und aufkommen lassen und daraus zu leben versuchen – das ist es!«

In Rilkes Requiem findet sich der Vers: »… Wenn ich mich nachts zurückzieh in meines Herzens letzte, ärmste Kammer …« Ja, in meines Herzens letzte, ärmste Kammer: Weiß ich denn nicht aus meiner Erfahrung, dass in manchen Lebenskonflikten mir von dorther eine Kraft zukam, die mir half, das »Unlösbare« zu lösen? Es gibt auch eine hilfreiche Treue zu sich selbst! Diese Treue zu sich selbst hat eine tiefe Berechtigung. Denn in meines Herzens letzter, ärmster Kammer wartet eine gütige Kraft, die nicht aus mir selbst kommt, sondern Geschenk ist. Da, wo ich auf dem Grund meiner Armut angekommen bin *und mich zu ihr bekenne*, da strömt mir eine Hilfe entgegen, die die eigentliche Kraft meines Wesens und damit meines Lebensgrundzugs, meines guten Kontinuums ist.

Johannes XXIII., der aus dieser Kraft gelebt hat und daraus Freiheit und Gelassenheit schöpfte, sagt aus dieser Erfahrung: »Gott weiß, dass ich da bin, und das genügt mir.«

In solchem Glaubensvertrauen steckt zutiefst und zuletzt die Begründung und Berechtigung für den Vorschlag, in schwierigen Zeiten sich zu fragen: Was ist die gute durchhaltende Grundkraft meines Wesens, was ist das gute Kontinuum? Was ist die gute Kraft in mir, die mir schon oft geholfen hat, einen Lebenskonflikt zu bewältigen?

Wir sprachen im Anfang von der dunklen Schlucht, durch die manchmal unser Weg führt. Lange vor Christus hat ein Glaubender seiner Erfahrung so Ausdruck gegeben:

Muss ich auch wandern in finsterer Schlucht,
ich fürchte kein Unheil:
denn du bist bei mir!

Psalm 23

6 *Was ist der Heilige von morgen?*

Ein junger Mann fragte mich: »Was ist der Heilige von morgen?« Ich habe ihm keine fertige Antwort geben können; wir haben zusammen nach einer Antwort gesucht. Das erste, was wir fanden, war: Der Heilige von morgen – warum sagen wir nicht: von heute? – der Heilige von morgen wird nicht angepasst sein! Die Welt, in der wir leben, ist auf das Haben aus. Immer mehr, immer schneller, immer größer; alles machen, was man machen kann; festhalten, sich sichern, sich durchsetzen … Viele unter uns erkennen immer deutlicher, dass der Mensch so seine Seele verliert. Viele stimmen immer überzeugter dem Wort zu: anders leben!«

Der Heilige von morgen hat das Pauluswort begriffen: »Passt euch nicht dieser Welt an, sondern wandelt euch um durch Erneuerung des Geistes« (Römer 12,2). Einer übersetzte das Wort so: Lasst euch nicht in die Schablone eurer Umwelt hineinpressen!

Aber – ist das der *Heilige* von morgen? Nichtangepasstsein, das ist doch nur negativ!

Manche leben als Nichtangepasste unter uns, aber oft sind sie voller Hass, Aggression, Fanatismus. Und mancher Nichtangepasste, der anders lebt, ist vielleicht nur ein Spinner.

Und so haben wir in unserem Gespräch weiter danach gesucht: Worin besteht denn eigentlich das Andersleben des Heiligen von morgen? Wovon ist es beseelt?

Wir haben diese Antwort gefunden: Der Heilige von morgen ist ein Mensch, der sich so von Gott geliebt weiß, der sich von Gott in Jesus Christus so liebend angeschaut weiß, dass er ganz frei wird! Er kann loslassen, er braucht nicht mehr festzuhalten, er braucht keine Absicherung mehr, er braucht all das Gerenne nicht mitzumachen, was alle um ihn herum machen, er ist frei, er hat alles in diesem: Ich bin von Gott geliebt! Er lässt sich vertrauend hineinfallen in die wunderbar-unbegreifliche Liebe Gottes. Er lebt anders, weil er sich von Gott geliebt weiß; weil er weiß: Ich bin von Jesus Christus liebend angeschaut! Er kann loslassen, geben, mitteilen, austeilen, weil er unendlich reich ist: von Gott in Jesus Christus angeschaut!

Darum geht vom Heiligen von heute und

morgen nichts Finsteres aus, sondern eine Freude, die das Schema der Welt aus der Fassung bringt. Die Heiligen von heute und morgen sind Diener unserer Freude! In ihnen erreicht uns das Aufscheinen Gottes, das frei macht.

7 *Was sind Heilige?*

Wenn man einmal eine Meinungsbefragung machen würde zu dem sonderbaren Thema: Was halten Sie von Heiligen? – ich glaube, es würde eine große Vielfalt von Antworten geben. Möglicherweise hätte die Antwort: »Heilige? – interessiert mich nicht«, darunter keinen Seltenheitswert.

Ich fand eine Antwort, die verleiht der Frage mit einem Schlage Aktualität. Da hieß es: »Heilige sind Menschen, durch die es anderen leichter wird, an Gott zu glauben.« Es ist da wohl zunächst gedacht an die »Heiligen«, die unter uns leben. Ob es die gibt? »Heilige sind Menschen, durch die es anderen, leichter wird, an Gott zu glauben«: Sie müssen also etwas haben oder sein, das uns irgendwie hinweist auf Gott, das uns irgendwie mitnimmt zu Gott, das uns etwas im Widerschein aufleuchten lässt von Gott.

Wenn wir die Bibel fragen: Was ist Gott?, dann erhalten wir als letzte und äußerste Antwort: Gott ist Liebe! Gott ist Zuwendung, Güte, Geborgenheit, Zuhause: Raum des letzten Vertrauens! »Heilige sind Menschen, durch die es anderen leichter wird, an Gott zu glauben.« Also müssen sie etwas an sich haben, das uns hinweist auf *diesen* Gott!

Wir denken: Heilige? Ihre Bilder stehen in der Kirche, seltsam entrückt auf Altären, Postamenten, hoch an den Säulen. Sind wir nicht heute durch Welten von ihrem vergangenen Leben getrennt? Mancher hat ein Bild von den Heiligen, von dem man eher sagen könnte: *Seine* Heiligen sind Menschen, durch die es anderen *schwerer* wird, zu Gott zu kommen!

Aber nun hörten wir: »Heilige sind Menschen, durch die es anderen leichter wird, an Gott zu glauben.« Ob wir so vermessen sein und uns ein wenig zu solchen Heiligen rechnen dürfen? Wir brauchen es selbst nicht großartig zu wissen; man denkt mit keinem Gedanken daran, dass dies oder jenes zu einem Heiligen gehören könnte – man fängt nur an, ein wenig freundlicher zu sein, rücksichtsvoller, geduldiger. Man wendet sich ein wenig selbstloser dem anderen zu, man schenkt ein wenig mehr Vertrauen. Der andere braucht beileibe deswegen nicht direkt an Gott zu denken; aber vielleicht öffnet sich in ihm etwas unter dieser Erfahrung menschlicher Güte, die er heute und morgen bei uns machen kann. Und niemand kann wissen, ob ihm nicht darin ein fast verborgener Zugang geschenkt wird zu *der* Güte, von der wir alle leben.

V.
Worte, die verwandeln

Seien wir nicht gefühllos gegen Seine Güte

1 *Wenn er uns in unserem Tun nachahmen wird, dann ist es aus mit uns*

Ignatius von Antiochien

In dem Brief des heiligen Ignatius an die Gemeinde von Magnesia heißt es: »Seien wir nicht gefühllos gegen Christi Güte. Wenn er nämlich uns in unserem Tun nachahmen wird, dann ist es aus mit uns. Lernen wir deshalb, nachdem wir seine Jünger geworden sind, dem Christentum gemäß zu leben.«

Das ist eine merkwürdige Vorstellung: Ignatius denkt vielleicht an das antike Schauspiel. Für einen Augenblick stellt er sich vor: Wenn jeder von uns vor Christus kommt, und er würde dann, wie ein guter Schauspieler, unser Leben, unser Tun nachahmen, er würde, uns entlarvend, uns vorspielen, was unser Leben in Wirklichkeit ist – »dann ist es aus mit uns.«

Ignatius will wohl sagen: Vor Christus wird unser Lebensdrama zum Gericht! »Im letzten Akt bricht das Feuer aus: Der Richter ist da! Das Irdische zerschellt an *der* Wahrheit« (Hans Urs von Balthasar). Ich versenke mich einen

Augenblick in diese Vorstellung: Ich komme vor Christus, und er spielt mein Leben! Ich sehe mir selber zu, wie da in letzter Wahrheit mein Leben gespielt wird – was wird er spielen? Wie stehe und agiere ich auf der Bühne des Lebens – jetzt ohne Maske, im hellen Licht der Wahrheit? Einer, der mich bis in die letzten Motive hinein durchschaut, spielt mir mein Leben vor und nach – und am Ende würde er mir gar nicht mehr sagen müssen: Das bist du! Das war dein Leben! Ob mir das Beifallklatschen vergehen wird?

»Wenn er nämlich uns in unserem Tun nachahmen wird, dann ist es aus mit uns.« Als ich mich hineinversetzte in diese Vorstellung, meinte ich immer mehr, dieses Bildwort von Ignatius verwerfen zu müssen: Christus wird so nicht tun, wenn ich vor sein Angesicht komme.

Ja, ich glaube wohl, dass da im letzten Akt das Feuer ausbrechen wird und dass alles Falsche, Maskenhafte des Lebens in diesem Feuer verbrennen wird. Aber dieses Feuer ist das Feuer seiner Liebe! Sagt doch Ignatius selber: »Seien wir nicht gefühllos gegen seine *Güte!*«

Ich komme vor sein Angesicht. Und vor diesem Angesicht erkenne ich mein Leben. Diese Augen, die den Verleugner Petrus so anschauten, dass er ein durch die Liebe Verwandelter wurde!

Wenn Christus mir mein Leben vorspielen würde, jetzt – würde in diesem Spiel meines Lebens auch dies vorkommen, dass er mir zeigte: Sieh, da hast du vertraut! Da hast du gehofft! Da hast du geliebt!?

Eine Frau meinte bekümmert: Mit meinem Beten am Morgen oder Abend ist es fast nichts, es besteht eigentlich nur aus einem einzigen Wort. Ich sage einfach – so fuhr sie fort – zu Gott: »Segne«, und dann kommen Namen. Namen von Menschen, mit denen ich zusammenlebe. »Gott, segne« – und dann steigen die Namen, das heißt die Menschen vor meinem inneren Blick auf: die Menschen, die ich liebe – und die ich nicht liebe; ich sage Gott ihren Namen, so wie sie mir in den Sinn kommen. Ihre Gesichter tauchen vor mir auf. Und ich bitte Gott: Segne sie!

Ob dies nicht ein gutes Morgen- oder Abendgebet ist? Es ist ein Beten, das von sich selber wegschaut auf die hin, die die Nächsten sind. Und es ist zugleich ein Wort des Vertrauens auf Gott hin: dass er der Segnende ist!

Der Segnende? Was ist das? Wenn ich bittend zu Gott sage: Segne!, dann ist darin das Vertrauen: Gott, ich glaube, dass du da bist! Ich glaube, dass du der lebendige Gott bist. Ich glaube, dass du ein Antlitz hast. Schau diesen Menschen da an, wende dich ihm zu, lege deinen Namen auf ihn.

Vielleicht hat mancher es aufgegeben, am Morgen oder Abend ein Gebet zu sprechen. Man mag die alten, früher einmal gelernten Gebete nicht mehr. Man ist ihnen entwachsen. Vielleicht ist es zu mühsam, nach neuen Gebetsworten zu suchen. Und dann – man hat so wenig Zeit am Morgen, oder man ist so müde und abgespannt am Abend.

Ob dies eine Wort nicht eine neue Möglichkeit wäre? Man braucht fast keine Zeit dazu, nur ein wenig Herz – zum Lieben braucht man keine Zeit. Wir sagen zu Gott: »Gott, segne …« Und wir nennen die Namen der Menschen, die uns nahe sind, denen wir verbunden sind. Und vielleicht bringen wir sogar die Kraft auf, auch den Namen jenes Menschen zu nennen, mit dem wir uns zerstritten haben; der uns lästig und unsympathisch ist: »Herr, segne …« Und ich nenne den Namen des Menschen, dem ich etwas schulde, dem ich zur Last geworden bin, den ich an die Seite geschoben habe … Und zuletzt darf ich an diese kleine Litanei auch getrost mich selber setzen: Herr, segne mich, heute!

3 *In jedem Menschen ist das Gute*

Ein amerikanischer Psychotherapeut war als Junge von zwölf Jahren aus Deutschland entkommen; seine jüdischen Eltern und Verwandten wurden ermordet. Dieser Arzt sagte mir: Ich war ein Mensch, der nur hassen konnte, ein Menschenverächter. Vor achtzehn Jahren lernte ich meine Frau kennen: sie hat mich verwandelt. Sie hat mich meine wichtigste »Lebenslehre« gelehrt, und seitdem habe ich angefangen, Wunder zu erleben, Wunder menschlicher Verwandlung. Diese Lebenslehre heißt: daran glauben, dass in jedem Menschen Gutes ist! Das darf nicht ein theoretischer Glaube bleiben. Man muss mit seiner eigenen überzeugten Erwartungshaltung dem Menschen, mit dem man es zu tun hat, sich zuwenden: In ihm ist das Gute, es verlangt danach, sich verwirklichen zu können.

Natürlich verbirgt sich das Gute im Menschen oft genug unter den seltsamsten Entstellungen und Verschüttungen. Aber, so sagte er, als Psychotherapeut habe ich gefunden, dass gerade in den seelischen Störungen, derentwegen mich die Patienten aufsuchen, ein verfremdetes Zeichen des Suchens nach Gutsein, Heilsein, Richtigsein erkennbar ist. Fragen Sie nicht lange danach, ob meine Voraussetzung richtig ist, praktizieren Sie sie einfach. Versuchen Sie, bei aller berechtigten kritischen Wachheit, dem Menschen mit dieser Einstellung, mit dieser Erwartungshaltung zu begegnen: In ihm ist das Gute! – und Sie werden sehen, dass die Art und Weise Ihrer Begegnungen mehr und mehr sich verwandelt. Wenn wir negativ von anderen denken, werden wir selber das Resultat zu spüren bekommen. Die – oft verborgenen, unterbewussten – Erwartungen sind von unheimlicher Konsequenz.

In einer Notiz von Johannes XXIII. fand ich: »Es drängt mich, immer mehr der Güte des Herrn nachzueifern, der uns lehrt, alles von der guten Seite zu nehmen, niemals aufzuhören, zu verzeihen und Gutes zu tun. Meine Natur neigt dazu, eher die gute Seite der Menschen herauszufinden, statt Kritik zu üben und voreilige Urteile zu fällen. Jede Form von Misstrauen, gegen wen auch immer, vor allem aber gegen die Kleinen, die Armen, die Geringen, jedes abwertende

Urteil bereitet mir Schmerzen und tut mir im innersten Herzen weh.«

Wenn wir uns auf den Weg machen mit der »Lebenslehre«, die Johannes XXIII. hier so einfach für sich formuliert hat: »Die gute Seite des Menschen herauszufinden«, vielleicht werden wir manche Entdeckung und Verwandlung erleben können. »Tiefes Glück, unter Dingen zu leben, die man, eines nach dem anderen, durch einen Schlag mit dem Zauberstab aus der Verwünschung erlöst«, ein Satz aus Erhart Kästners »Zeltbuch von Tumilad« – sollten wir nicht, im Sinne unserer »Lebensregel«, mit ihm zu leben versuchen, nicht nur unter den Dingen, sondern unter den Menschen? »Tiefes Glück, unter Dingen zu leben, die man, eines nach dem anderen, durch einen Schlag mit dem Zauberstab aus der Verwünschung erlöst.«

Ein junger Priester, etwa drei oder vier Jahre im Dienst, hatte es sich besonders zur Aufgabe gemacht, für einsame Menschen da zu sein, für Menschen, die in der Last des Lebens kaum jemanden haben, der sich um sie kümmert. Als ich ihn fragte, was denn in diesen drei, vier Jahren seine stärkste Erfahrung geworden sei, gab er zur Antwort: Ich habe den Eindruck, dass die Menschen, mit denen ich es zu tun habe, nichts mehr suchen als: die Verlässlichkeit des Wohlwollens. So nannte er es: die Verlässlichkeit des Wohlwollens. Und die Betonung lag auf Verlässlichkeit. Es handelte sich ja um Menschen, die vielleicht lange nicht mehr das aufrichtige Zugewandtsein eines anderen erfahren hatten. Sie hatten vielleicht manchen Grund, misstrauisch zu sein, wenn da ein Mensch sich ihnen zuwandte. Wenn sie aber erkannten, dass aufrichtiges und absichtsloses Wohlwollen da war, dann fürchteten sie, die schon so oft Enttäuschten, den Augenblick, wo sie wieder einmal sagen müssten: Es ist kein Verlass!

In jedem von uns ist dieser tiefe Wunsch: dass man sich verlassen kann auf die Zuwendung des anderen. Auf die Treue, die durchhält. Dass alles nicht nur eine flüchtige, vergessliche Gebärde war …

Ich glaube, wenn ein Mensch nie die Verlässlichkeit des Wohlwollens und die Treue der Zuwendung eines anderen erfahren hat, dann wird es ihm auch sehr schwer werden, an die Verlässlichkeit und Treue *Gottes* glauben zu können.

Das aber ist *die* Botschaft der biblischen Offenbarung: die Verlässlichkeit Gottes, die Treue Gottes, des Barmherzigen, der mit uns seinen Bund geschlossen hat; die Treue Gottes, die in der Auferstehung Jesu von Nazaret für immer *das* Siegel ihrer Gültigkeit bekommen hat. Diese Treue Gottes, von der das Neue Testament sagt: »Wenn wir untreu sind – er bleibt treu.«

Es scheint fast unmöglich zu sein, dass ein vereinsamter und enttäuschter Mensch einen Glaubenszugang zur Treue Gottes finden kann, wenn er nicht erfährt, dass es die Verlässlichkeit menschlicher Zuwendung gibt.

Ich spüre die Anfrage, die darin liegt. Die Frage nach meiner Verlässlichkeit und Treue.

Da lese ich: »Was aus einem Menschen wird, das hängt entscheidend mit davon ab, wie wir ihn sehen. Und was wir für den anderen mit ganzem Herzen erhoffen, danach streckt auch er selber sich unwillkürlich aus« (Heinrich Spaemann). Ob wir diesem Wort aus unserer eigenen Erfahrung zustimmen können?

Ich denke an eine Studentin. In einem Gespräch mit ihr zeigte sich bald, dass sie unter einem bedrückenden Mangel an Selbstvertrauen litt. Ihre Eltern hatten ihr nie etwas Rechtes zugetraut. Oft hieß es in ihrer Kindheit: Das kannst du doch nicht! Deine Schwester kann das besser! Zum Studieren bist du nicht begabt genug. »Was aus einem Menschen wird, das hängt entscheidend mit davon ab, wie wir ihn sehen.«

Die Eltern sahen sie nur in ihren wirklichen oder vermeintlichen Untüchtigkeiten. Sie trauten ihr für die Zukunft nichts oder fast nichts zu. »Was wir *für den anderen* mit ganzem Herzen erhoffen, danach streckt auch er selber sich unwillkürlich aus.« Da man nichts oder fast nichts für sie erhoffte, hatte sie auch nicht die Zuversicht, sich auf eine gute Zukunft hin auszustrecken. Sie traute sich selber nichts zu und blieb vergrämt in ihrem Selbstunwertgefühl stecken.

Vielleicht denken wir: Ich habe ganz andere Erfahrung gemacht. Alle gute Zuwendung, alle gute Zu-Mutung hat den anderen nicht verwandelt, hat ihn nicht in gute Wegrichtung bringen können. Er hat es nicht aufgenommen, er hat es nicht angenommen.

Ja, es gibt gewiss auch diese Erfahrung. Selbst von Jesus hören wir, dass sein gutes Sehen – »er sah ihn an und gewann ihn lieb« – den reichen Jüngling nicht zu *der* Lebenswandlung brachte, die Jesus von ganzem Herzen für ihn erhoffte, ihm zumutete! Es gibt die »Freiheit« des anderen, es gibt das Übergewicht von Gebundenheit, Nichtoffenheit, Befangenheit, ja auch Verhärtung. Wenn mein Sehen und meine Hoffnung zu dem anderen hin gut sind, darf ich dann nicht vertrauen, dass sich mit ihm das Sehen und das Hoffen Gottes verbündet?

Es gibt eine Zuwendung, die so »töricht« ist, dass Paulus von ihr zu schreiben wagt: »*Alles* hofft sie!« Wie ein »Tor« glaubt er daran, das

Gute auch da noch zu ermöglichen, wo es nach menschlichem Ermessen nicht mehr zu erwarten ist.

6 *Man wandelt nur das, was man annimmt*

Jeder von uns hat es irgendwann einmal – vielleicht sogar für die Dauer eines ganzen Lebens – mit einem Menschen zu tun, mit dem es sehr schwer ist auszukommen. Vielleicht ist es wirklich so, dass die Ursache oder auch die Schuld an dem schlechten Miteinanderauskommen bei dem anderen liegt, an seiner Verkehrtheit, an seinen misslichen Charaktereigenschaften, an seiner neurotischen Befangenheit. Gibt es da noch eine Hoffnung auf Verwandlung?

Ich glaube, dass es eine Hoffnung auf Wandlung gibt unter *einer* Voraussetzung. Diese Voraussetzung heißt: »Man wandelt nur das, was man annimmt!« (Carl Gustav Jung).

Wie ist das zu verstehen? Statt einer umständlichen Erklärung erinnern wir uns einer Geschichte, die wir alle kennen: die Geschichte vom verlorenen Sohn. Er kommt aus einem verpfuschten Leben nach Hause. Wir kennen die Sätze, mit denen seine Heimkehr beschrieben wird: »Als er noch weit entfernt war, sah ihn sein

Vater. Er wurde von Erbarmen bewegt, lief ihm entgegen, umarmte ihn und küsste ihn.«

Ich denke mir oft, wenn ich diese Geschichte lese, wie es nachher, nach den Tagen der Heimkehr wohl weitergegangen, ist. Es kann nicht anders sein, als dass der Heimgekehrte nun im Hause seines Vaters ein Verwandelter ist. Einer, der aus dem Dank heraus lebt, weil er erfahren hat, wer dieser Vater ist, der ihn so angenommen hat. »Man wandelt nur das, was man annimmt.« Dieser Vater hat den Sohn, der im Hochmut von Zuhause weggegangen war, ganz angenommen, und weil er angenommen wurde, war er verwandelt.

Vielleicht wird man einwenden: Lag die Verwandlung seines Herzens nicht schon vorher, noch in dem Elend der Fremde, als er sagte: »Ich will mich aufmachen und zu meinem Vater gehen«? Ja, aber wie hätte er das sagen können, wenn er nicht schon ahnungsvoll gewusst hätte, dass er zu diesem Vater heimkehren dürfte? Dass er hoffen durfte, von ihm angenommen zu werden?

Und vielleicht wird man einwenden: Bei diesem verlorenen Sohn war schon selbst eine Einsicht. Bei dem Menschen, dem schwierigen und verkehrten, mit dem *ich* es zu tun habe, ist gerade *das* nicht da – wie sollte ich hoffen können, dass es noch einmal Wandlung bei ihm gibt, wo doch bei ihm gar kein Ansatzpunkt dafür zu sehen ist?

Es mag so sein. Und doch! – Sollten wir es nicht versuchen, gegen alle Hoffnung, diesen anderen anzunehmen, noch und noch … Vielleicht geschieht es doch, irgendwann einmal, vielleicht ganz zuletzt, dass in dem anderen die Ahnung aufgeht: der meint es gut mit mir! Es ist sehr schwer, unendlich mühsam. Aber ist es ganz aussichtslos? Vor Gott?

Man wandelt nur das, was man annimmt. Gott nimmt jeden von uns an, in grenzenloser Treue, unaufhörlich, solange wir leben. *Das* ist der Grund unserer Hoffnung *und* die Ermutigung, es, in aller Gebrochenheit und Armseligkeit, auch miteinander zu wagen.

7 *In der Spur Jesu gehen*

Bei dem Dichter Friedrich Rückert (1788–1866) fand ich diesen Vers:

Du bringst nichts mit hinein / du nimmst nichts mit hinaus / lass eine goldene Spur / im alten Erdenhaus.

Das, was die beiden ersten Zeilen sagen, steht im Buch Ijob so: »Nackt kam ich heraus aus dem Schoß der Mutter, nackt kehre ich in den Schoß der Erde zurück.« (Ijob 1,21).

»Du nimmst nichts mit hinaus« – ein altes Wort sagt: »Wenn man dich zum Friedhof trägt, kümmert dich nicht mehr das, was du hast; mitnehmen wirst du nur das, was du gegeben hast.«

»Lass eine goldene Spur im alten Erdenhaus« – wie tut man das, dass etwas Leuchtendes von uns zurückbleibt? Es darf ja nicht so sein, wie es in einem Vers bei Dante zu lesen ist:

Du lässt auf Erden keine anderen Spuren
Als Rauch in Lüften oder Schaum auf Wellen.

Vielleicht denken wir, wir müssten ein Werk schaffen, von dem die Menschen reden werden, wir müssten uns einen Namen machen. Aber wie ist es mit den Vielen, die keinen Namen in der Welt haben, die keinerlei Denkmal bekommen, die bei den Menschen bald ganz vergessen sind? Wie ist es mit den vielen Verborgenen?

Es gibt eine goldene Spur, die wie eine Goldader im Gestein den Augen der Menschen verborgen ist, die aber vor den Augen Gottes leuchtet: Überall, wo ein Mensch in der Spur Jesu zu gehen versucht, leuchtet sie unvergessen vor Gott! Es genügt, einer einzigen Spur Jesu zu folgen, zum Beispiel: »Richtet nicht, so werdet ihr nicht gerichtet werden!« (Matthäus 7,1). Wenn wir nur dieser Spur Jesu folgen würden – sie würde in Ewigkeit nicht verwischt werden.

Ist der Weg Jesu für uns spurensicher? Francisco de Osuna, geistlicher Meister im 16. Jahrhundert, schreibt: »Willst du Christus folgen, musst du aber wissen: Inzwischen fiel Schnee auf seine Spuren.« Die Menschen haben die Spur Jesu zugedeckt. Wir müssen das Ohr nahe am Wort des Evangeliums haben, um immer neue Wegweisung zu erfahren.

VI.

Worte, die beten helfen

Nehmt Gottes Melodie in euch auf

1 *Nehmt Gottes Melodie in euch auf*
Ignatius von Antiochien

In dem Brief, den Ignatius an die Gemeinde von Ephesus schreibt, kommt ihm das Bild in den Sinn, diese Gemeinde mit einem großen Chor zu vergleichen. Er schreibt: »Nehmt Gottes Melodie in euch auf. So werdet ihr alle zusammen zu einem Chor, und in eurer Eintracht und zusammenklingenden Liebe ertönt durch euch das Lied Jesu Christi. Das ist das Lied, das Gott, der Vater, hört – und so erkennt er euch als die, die zu Christus gehören.«

»Nehmt Gottes Melodie in euch auf.« Dieses Wort voller Poesie schreibt ein Mann, der gefesselt in einer Soldatenkohorte daherzieht, der weiß, dass er dem gewaltsamen Tod entgegengeht.

Ignatius hat die Vorstellung, dass Gott für jeden eine Stimme, eine Lebensmelodie hat. Und wenn jeder die ihm zugedachte Melodie Gottes wirklich hört und in sich aufnimmt, dann wird der Zusammenklang aller Stimmen eine Symphonie. Im Griechischen steht buchstäblich das Wort Symphonie – es heißt wörtlich: Zusammenklang.

»Nehmt Gottes Melodie in euch auf.« Was ist Gottes Melodie, Gottes Lied für mich? Welche Stimme hat er mir zugedacht?

Gottes Lied kann ich nur hören, wenn ich still werde; wenn ich mich selber zurücknehme, denn sein Lied ist leise. Offenbar ist es so, dass die Kleinen die Melodie Gottes besser hören können als die Großen. Das Kleinsein scheint eine Voraussetzung dafür zu sein, Gottes Melodie wahrnehmen zu können.

Und seltsam: Gottes Melodie für mich kann ich nicht endgültig auswendig lernen, denn sein Lied geht weiter, ist immer neu, immer neu überraschend. Denn es ist doch ein Liebeslied, das Liebeslied Gottes für mich; und die Liebe erfindet immer neue Melodien.

Und er wartet darauf, dass ich sein Lied weitersinge, mitsinge …

Ich muss bisweilen allein sein, ich muss bisweilen sogar im Leiden sein, um Gottes Melodie hören zu können. Einmal, in einer schweren Krankheit, habe ich seine Melodie besonders gut verstehen können. Aber er will, dass ich dann das Lied, sein und mein Lied, weitersinge mit anderen zusammen. Es soll ja ein Chor, eine Symphonie werden, wo jeder seine Stimme, sein Lebenslied einbringt. Wo jeder liebevoll sich anpasst an den anderen neben ihm, damit es gut zusammenklingt.

Was ist Gottes Melodie für mich? Manchmal ist sie mir unheimlich fremd. Wie ein Missklang. Schwer nachzusingen. Dann vergesse ich oft, dass diese mir zugedachte Lebensmelodie erst im Zusammenhang und Zusammenklang des Ganzen seine Harmonie ergibt. (So wie eine ganz dunkle Stelle in einem Bild Rembrandts dem ganzen Bild erst seine Tiefe gibt.)

Was ist Gottes Lied? Ignatius sagt, dass das Lebenslied jedes Christen verwandt ist mit dem Lebenslied Christi. »In eurer zusammenklingenden Liebe ertönt durch euch das Lied Christi.«

2 *Herr, du kennst mich*
PSALM 139,1

Manchmal wird in Seelsorgegesprächen die Klage laut: Ich kann nicht mehr beten! Die alten Gebete aus meiner Kinderzeit mag ich nicht mehr – ich weiß nicht, wie ich beten soll. Außerdem: Wann sollte ich es tun? Wann hätte ich die Zeit dazu?

Wir wollen in diesem Kapitel einen kleinen Gebetsweg gehen. Jeder Tag soll uns so viel an Gebetshilfe mit auf den Weg geben, dass wir, wenn wir uns nur darauf einlassen, doch einen kleinen Schritt in dieser sehr einfachen »Gebetsschule« weiterkommen können. Jedes dieser Gebetsworte ist schon durch Jahrtausende immer und immer wieder gehört und gebetet worden. Es ist ein bewährtes Wort.

»Herr, du kennst mich!« (Psalm 139,1). Zögere ich, dieses Wort zu sprechen? Zögere ich, mich dem Blick Gottes auszusetzen? In dem Psalm ist es ein Wort großen Vertrauens, ein Wort des Sichbergens im Blick Gottes.

Indem wir anfangen, es zu sagen – vielleicht

erst mit einer Winzigkeit von Glaubensvertrauen –, und es immer mal wieder den Tag hindurch in uns zulassen: ob es nicht wachsen kann als immer aufrichtigeres Gebetswort? »Herr, du kennst mich« – ein Gebet für den Zeitraum eines Augenblicks: auf dem Weg zur Berufsarbeit, mitten im Strom des Alltagsbetriebs.

Wir brauchen nicht von unserem Tun wegzugehen, wir trennen dieses Wort nicht von unserem Leben: mitten darin und aus ihm heraus kommt es uns in den Sinn und will unseren Glauben und unser Vertrauen wecken: »Herr, du kennst mich!«

Vielleicht kommt in solchem Beten etwas auf von der Erfahrung im Glauben: Ich bin nicht allein, ich bin angeschaut, ich bin geliebt. Sicher kann es auch ein Wort sein, das mich richtet! Aber zuerst soll es ein Wort sein, das mich vertrauen lässt, das mich aufleben lässt, das mir Geborgenheit schenkt.

Sollten wir nicht versuchen, einmal eine Zeit lang mit diesem Wort zu leben? »Herr, du kennst mich!« Wenn wir nichts anderes beten könnten als dieses eine Wort – ich glaube, es wäre genug. Es hat eine Verwandtschaft mit dem Wort, das Petrus zum Herrn sagte: »Herr, du weißt alles.« Und indem er das sagt, erweckt es das andere Wort: »Du weißt auch, dass ich dich liebe.«

3 *Erschaffe mir, Gott, ein reines Herz!* Psalm 51

Der 51. Psalm ist von einem Menschen gebetet worden, der sich sehr schuldig wusste und aus seiner Schuld heraus zu Gott rief. Mitten in diesem Psalm steht dieser Bittruf: »Erschaffe mir, Gott, ein reines Herz!« Dieses Gebetswort versetzt mich in eine gewisse Verlegenheit. Bekannte haben mir abgeraten, es zur Betrachtung zu wählen. Einer sagte: Irgendwie erinnert es mich an ein sentimentales Kindergebet. Ein anderer meinte: Es ruft bei mir – und möglicherweise also auch bei anderen – die Gedankenverknüpfung: rein – keusch, unrein – unkeusch, hervor.

Das wäre nun freilich eine fatale Engführung. Das »reine Herz« hat in der Sprache der Bibel eine ganz andere Tiefe und Weite. Wir denken an das Wort Jesu in der Bergpredigt: »Selig, die ein reines Herz haben, sie werden Gott schauen.«

Ein reines Herz, das ist: die Lauterkeit der Gesinnung. Es ist das klare Auge, das nicht sich selber sucht, sondern das absieht von sich selber.

Es ist die Geradheit des Herzens, die nicht krumme Wege geht, die nicht zwiespältig ist. Es ist zuletzt jene arme und doch so reiche Demut, die zu Gott sagt: Du allein!

Wenn man einmal anfängt, dieses Gebetswort: »Erschaffe mir, Gott, ein reines Herz« im Alltag in sich aufkommen zu lassen, wird man bald spüren, dass es ein Verwandlungswort ist oder werden will. Wenn es mitten im Tun und Erleben des Tages aufrichtig als Bitte da ist – wird man spüren, dass dieses Wort eine Kraft in sich hat.

Wir leben vergesslich und launenhaft daher, oft genug nur auf uns selber bedacht; wir rechnen mit unserem Vorteil, ohne den anderen zu sehen; wir reden über einen anderen Menschen so, dass er es nie hören dürfte; wir machen uns geschickt zum Mittelpunkt, auch auf Kosten anderer; wir resignieren müde und deprimiert, so als hätte Gott keine Hoffnung für uns aufgerichtet …: wenn dann, in einem solchen Augenblick, in uns dieses Wort von innen her durchkommen könnte: »Ein reines Herz, o Gott!«

Bei Dag Hammarskjöld steht die Bitte: »Gib uns reinen Geist, damit wir dich sehen!« Das reine Herz hat die Sehnsucht, Gott zu schauen. Ob wir nicht versuchen sollten, einen Tag mit dieser Bitte verantwortlich zu leben? Verantwortlich vor dem hellen und gütigen Antlitz dessen, der uns die Verheißung gegeben hat: »Selig, die ein reines Herz haben, sie werden Gott schauen!«

4 *Herr, lass mich sehen!*
MARKUS 10,51

»Herr, lass mich sehen!« ist der Ruf eines blinden Bettlers. Der Bericht im Evangelium ist bewegend. Jesus hatte sich in Jericho aufgehalten. Beim Verlassen der Stadt geht eine große Menschenmenge noch eine Wegstrecke mit. Da sitzt ein blinder Bettler am Weg – wir wissen sogar noch seinen Namen: Bartimäus –, und dann heißt es: »Wie er hörte, es sei Jesus von Nazaret, fing er an zu schreien: Jesus, Sohn Davids, erbarme dich meiner! Da fuhren sie ihn an, er solle den Mund halten. Er aber schrie noch viel mehr: Sohn Davids, erbarme dich meiner! Jesus blieb stehen und sagte: Holt ihn her. Da holten sie den Blinden und sagten ihm: Steh auf, Mut, er ruft dich! Da ließ er seinen Mantel liegen, sprang auf und ging zu Jesus. Der fragte ihn: Was willst du? Was soll ich tun? Herr, lass mich sehen! Jesus sagte: Geh! Dein Glaube war deine Rettung. Da öffnete der Blinde die Augen und sah!« (Markus 10,47–52).

»Herr, lass mich sehen!« Können wir uns

diesen Bittruf zu Eigen machen? Vielleicht wird jeder von uns diesem Wort eine eigene, persönliche Deutung geben. Lass mich sehen, dass es einen Ausweg gibt, dass es weitergeht mit meinem Leben, dass es eine Hoffnung für mich gibt, dass du da bist! Lass mich sehen, dass das Licht stärker ist als die Finsternis in unserer Welt, dass das Böse nicht triumphiert, dass es endlich Frieden gibt unter uns …

»Herr, lass mich sehen« – ob wir alle nicht dieser Bitte ganz besonders *eine* Richtung geben sollten: Herr, lass mich den *Menschen* sehen, lass mich den Menschen wahrnehmen, dem ich zum Nächsten geworden bin, dem ich zum Nächsten werde!

Wir kennen die Redensart: Ich kann den Menschen nicht mehr sehen! So weit kann unsere Blindheit gehen. Manchmal merken wir nicht mehr, wie eng unser Blickfeld geworden ist. Menschen, mit denen wir im Beruf jahrelang zusammen sind, Nachbarn, mit denen wir jahrelang Wand an Wand wohnen – wir haben sie vielleicht noch nie wirklich gesehen, wahrgenommen. Ihre Gesichter und ihre Schicksale sind uns gleichgültig geblieben.

»Herr, lass mich sehen!« Ruf mich heraus aus der Enge meines Blickfeldes. Tu meine Augen auf für das Antlitz des Menschen in seiner offenen und verborgenen Not. »Herr, lass mich sehen!«

5 *Bleibe bei uns, Herr*
LUKAS 24,29

Jemand hat gesagt: »Das Beten eines Menschen ist so persönlich wie sein Gesicht und seine Stimme.« Wenn es so ist, dann wird auch dieses biblische Gebetswort von jedem in einer ganz persönlichen und eigenen Weise gebetet werden können. Es ist die Bitte, die die beiden Jünger auf dem Weg nach Emmaus an den Herrn richten: »Bleibe bei uns!«

»Herr, bleibe bei uns!« – Ist es denn notwendig, diese Bitte zu sagen? Viele von uns erleben schmerzlich einen Wandel ihres Glaubens. Die frühere Selbstverständlichkeit des Glaubens an die Wirklichkeit und Nähe Gottes, die ungebrochene Fähigkeit des Dusagens zu diesem Gott – für viele von uns ist es zur bedrückenden Frage geworden. Wir verstehen heute gut die Klage des Propheten Jeremia: »Warum bist du nun geworden wie ein Fremder im Land, wie ein Wanderer, der abbiegt, zu nachten?« Es ist die Klage und Frage des Glaubenden heute, der, ausgespannt zwischen Glaube und Unglaube, schwer trägt an der »Abwesenheit« Gottes in unserer Welt. Gott, ein Fremder im Land, ein Wanderer, der für eine Nacht einkehrt, namenlos. Hat er eine Beziehung zu denen, bei denen er einkehrt? Oder bleibt er der Unbekannte, der fremd und nur in einem flüchtigen Augenblick unser Dasein streift? Ein einsamer Mann unterwegs, der beim Einfallen der Dunkelheit die Herberge betritt, irgendwo am Rand der Wüste – und scheu rücken die Menschen von dem Fremden weg. Ist Gott so in unserer Welt?

Da ist diese Bitte: »Herr, bleibe bei uns!« Die Jünger, von denen es heißt, dass sie traurig ihres Weges gingen, sagen es zu dem, der als unbekannter Wanderer mit ihnen geht. Aber eine Ahnung hat ihr Herz berührt: Er ist es! Und so sagen sie, ohne schon klar zu erkennen: »Herr, bleibe bei uns!«

Wenn heute dieses Wort mit uns geht – jeder von uns wird es anders sagen. Vielleicht spricht einer es aus einer bedrückenden Sorgenlast, aus der er kaum noch einen Ausweg sieht: »Herr, bleibe bei uns!« Vielleicht sagt ein anderer es auf seinem Weg durch die große Stadt, deren Anonymität und Menschenfeindlichkeit alles an Nähe und Geborgenheit zu erdrücken droht: »Herr, bleibe bei uns!« Vielleicht ist es die Bitte eines Kranken, der dem Tod entgegensieht: »Herr, bleibe bei uns!« Vielleicht ist es das verborgene Gebet eines Mannes, einer Frau, die erfahren, dass ihre Familie auseinander zu fallen droht: »Herr, bleibe bei uns!«

So könnten wir fortfahren ... »Das Beten eines Menschen ist so persönlich wie sein Gesicht und seine Stimme.«

Wir wollen versuchen, dieses Wort jetzt als unser Gebet auf *unseren* Tag hin zu sagen, zu dem hin, von dem wir glauben, dass er uns hört: »Herr, bleibe bei uns – heute und immer.«

6 *Ich lasse dich nicht, es sei denn, du segnest mich*

GENESIS 32,27

Dieses Wort ist nun freilich wirklich nicht ein Wort für *einen* Tag! Ja, ich glaube, es bewährt sich eigentlich erst in Lebenssituationen, in denen die Dunkelheit uns überfällt. Ein Mann des Alten Testaments, der Patriarch Jakob, hat dieses Wort in einer Nacht schwerer Lebensbedrohung gesprochen. Der uralte Bericht sagt: Er rang die ganze Nacht mit Gott, der wie ein dunkles Schicksal ihn überfallen hatte. Aber er kommt nicht los von diesem Gott, er klammert sich an ihn und betet mit einem unerhört kühnen Glauben gleichsam gegen ihn an: »Ich lasse dich nicht, es sei denn, du segnest mich!«

Natürlich kann man mit diesem Wort beten an jedem guten Tag, und es mag manchem besonders als ein kurzes Abendgebet geeignet erscheinen. Aber es muss sich wohl eigentlich erst in einer Lebenssituation bewähren, in der die Dunkelheit uns überfällt und Gott uns zum Rätsel geworden ist.

Es gibt Zeiten, in denen die Glaubenserfahrung: Gott liebt mich!, uns sehr nahe ist. Aber wenn Sorge und Krankheit und Angst und Leid und abgründige Traurigkeit uns das Herz zusammenpressen und unser Glaube sehr schmal geworden ist – dann gilt es, dieses Wort zu wagen: »Ich lasse dich nicht, es sei denn, du segnest mich!«

Ich lasse nicht von dir los: Du musst mich segnen! Ich vertraue darauf, dass du mich segnest! Vielleicht ist dann diese »Provokation« Gottes, diese Herausforderung Gottes die einzige Möglichkeit, den verlöschenden Glauben so anzufachen, dass er durchhalten kann, ja dass er mitten in einer dunklen und ausweglosen Lebenssituation *Sinn* erfahren lässt.

Der Bericht im Alten Testament, geheimnisvoll und kaum noch deutbar, sagt: Da der Morgen dämmert, geht Jakob aus diesem Ringen mit Gott als ein Geschlagener und doch Gesegneter hervor: hinkend geht er – der Gesegnete! – in das aufgehende Licht hinein.

Wir sollten vorsichtig sein, damit in dieses Wort keine falsche Frömmigkeit, kein falsches Pathos hineinkommt. Wir sollten es vielleicht sehr still sagen, wie eine Bitte und ein Wagnis zugleich, wie ein gläubiges »Dennoch«, uns selber abgerungen und vielleicht wie in eine dunkle Wolke hineingesprochen: »Ich lasse dich nicht, es sei denn, du segnest mich!«

7 *Mein Herr und mein Gott*
JOHANNES 20,28

»Mein Herr und mein Gott«, das Wort, das der Apostel Thomas vor dem Herrn sprach, ist ein Wort, das sehr weit und sehr offen ist, aber zugleich von großer Tiefe sein kann. Jeder von uns wird ihm je in seiner Lebenssituation und je in seiner Gestimmtheit eine andere »Färbung« geben.

Thomas kommt aus dem Zweifel und dem Unglauben. Jetzt aber steht er vor Ihm, dem Auferstandenen, und sein Herz ist besiegt von der Nähe des Herrn. Nicht mehr Bedingungen, nicht mehr Argumente, sondern Sichanvertrauen, Sichlassen in seine Güte, in sein Entgegenkommen. Alles, was ihn in diesem Augenblick des Überwältigtseins bewegt, legt er in dieses Wort und Bekenntnis: »Mein Herr und mein Gott.«

Wie soll ich das beten? Ist es eine Bitte? Ein Bekenntnis? Eine Preisung und Anbetung? Eine Danksagung?

Wir lassen dieses Wort mitten in unserem Alltag aufkommen, mitten in unseren Erlebnissen und Erfahrungen. So wird es zu *unserem* Gebet und kann dann alles dieses sein: Bitte und Bekenntnis und Preisung, Ausdruck des Vertrauens und der Zuversicht und der Liebe.

Einmal sagte mir ein junger Mann: Wenn er tagsüber an sein Mädchen denke, dann gehe ihm immer ein Wort durch den Sinn wie eine Melodie: Du liebes Angesicht! Dies Wort mag uns altmodisch klingen, wie aus einem alten Lied, aber für den Verliebten ist es sicher lebendigste Gegenwart – und Liebe ist eben reich im Erfinden.

Vielleicht kann ein Beter, aus dem Glauben heraus, so auch mit der eigenen Sprache seines Glaubens dieses Thomaswort sagen: »Mein Herr und mein Gott.« –

Wir schauen zurück. Vielleicht ist unter den Gebetsworten dieses Kapitels eines, das uns besonders berührt. Wenn dieses Gebet nicht nur *einen* Tag mit uns geht, sondern immer wieder, durch lange Zeit hindurch unseren Glauben und unser Suchen nach Gott zusammenfasst, ein paar Sekunden nur und doch nicht oberflächlich formelhaft, dann wird das vielleicht ein Schritt dahin sein, dass Gebet und Leben für uns immer mehr zu einer guten Einheit werden.

Nachwort

Die arme Liebe Jesu

Wer ist dieser Jesus von Nazaret?

Ein Zug seines Lebens, seines Wesens ist sehr wichtig für uns. Ohne ihn zu kennen, gewinnen wir keinen Zugang zu ihm. Ich meine seine Verborgenheit, seine Niedrigkeit, seine Machtlosigkeit!

Schon seine Geburt irgendwo in einer Höhle auf dem Feld von Betlehem: verborgen, gering, arm.

Von den dreiunddreißig Jahren, die er gelebt hat, verbringt er dreißig Jahre in völliger Verborgenheit in einem Dorf in Galiläa, am Rande des großen römischen Weltreiches. Er lebt das unbekannte Leben der kleinen und einfachen Leute: Bauern, Fischer, Handwerker.

Als Kaiser Augustus in Rom stirbt, ist Jesus etwa siebzehn Jahre alt. Als er mit dreißig Jahren in die Öffentlichkeit geht, ist er seinen Landsleuten als Zimmermann bekannt. Kein Mensch in der damaligen Welt redet von ihm. Aber später werden die Jahre nicht nach Augustus gezählt werden, sondern nach diesem Jesus Christus.

Er liebte nicht die Gewalt. Seinen Jüngern verbietet er das Schwert. Als man ihn zum König machen will, geht er in die Einsamkeit. Energisch verbietet er denen, die er geheilt hatte, es weiterzuerzählen: er will kein Aufsehen um seine Person. Das, was er am eindringlichsten seinen Jüngern auferlegt hat, ist: Ihr sollt euch nicht zu Herren aufwerfen! Ihr sollt keine Macht ausüben! Ihr sollt nicht die ersten Plätze einnehmen!

Man findet ihn bei Menschen, die damals aus der Gesellschaft ausgeschlossen waren, er setzt sich mit ihnen an einen Tisch und nennt sie seine Brüder und Schwestern.

Als er am Kreuz stirbt zwischen zwei Verbrechern, zeigt sich auf das Äußerste seine Verborgenheit, seine Niedrigkeit und Machtlosigkeit. Am Ende ist er wie ein Nichts.

Aber: Er konnte so leben und er konnte so sterben, weil er der Liebende war, weil er unbedingt vertraute, dass Gott keinen aus seiner Liebe fallen lässt. Sein verborgenes Leben, die Ohnmacht seiner wehrlosen Liebe – das zeigt sich am Ostermorgen – sind stärker als alles, stärker als der Tod. Sie sind das einzig Rettende. Seine gebundenen Hände sind unsere wahre Befreiung.

In den so genannten Petrusakten aus dem 2. Jahrhundert gibt es ein Wort, das Jesus in den Mund gelegt wird: »Die mit mir sind, haben mich nicht verstanden.«

Warum haben wir Christen ihn so wenig verstanden? Ich glaube: Weil wir, so oder so, die Macht lieben. Weil wir nicht auf unser Groß-Sein verzichten wollen.

Was wir sind vor Gott, verdanken wir allein der armen Liebe Jesu. Sein Verzicht auf sich selbst wurde unser Leben. An uns liegt es, diesem Jesus zu folgen, damit unser Verzicht – zum Leben wird für viele!

Weitere Bücher von Johannes Bours

Zu beziehen direkt über das Canisiuswerk

Da fragte Jesus ihn

Schritte geistlicher Einübung in die Jesusnachfolge

240 Seiten, geb. in Halbleinen · ISBN 3-902265-01-9
Sonderausgabe für das Canisiuswerk Wien
© *Verlag Herder Freiburg im Breisgau 2003*
Johannes Bours erschließt die Fragen des Evangeliums als Lebensfragen für uns heute.

Zu Dir rufe ich

Das tägliche Schriftgebet

192 Seiten, geb. mit Lesebändchen · ISBN 3-902265-02-7
Sonderausgabe für das Canisiuswerk, Wien
© *Verlag Herder Freiburg im Breisgau 2003*
Für jeden Tag des Jahres ein kurzer biblischer Gebetsimpuls.

„Nehmt Gottes Melodie in euch auf"

ist Johannes Bours' Botschaft, dass Gott zur Melodie unseres Herzens werden kann. In Österreich ist der Satz auch das Motto für den Weltgebetstag der geistlichen Berufe 2006. Unterlagen (Adventkalender 2005, Werkheft, Plakat, Exerzitien im Alltag und andere) sind zu beziehen bei:

Canisiuswerk, Zentrum für geistliche Berufe
Stephansplatz 6, A-1010 Wien, canisiuswerk@canisius.at

Johannes Paul II.

Seid ohne Furcht!

Worte der Zuversicht

Mit 25 Farbbildern, 160 Seiten, geb. mit Lesebändchen
ISBN 3-451-28836-2
Die unvergessenen Worte des großen Papstes, Worte, die Vermächtnis sind, die Summe seiner Botschaft über sein Pontifikat hinaus.

Benedikt XVI.

Wer glaubt, ist nie allein

Worte der Ermutigung

128 Seiten mit Abbildungen, geb. mit Lesebändchen
ISBN 3-451-28871-0
Joseph Ratzinger ist nicht nur der brillante Theologe, sondern auch ein zutiefst geistlicher Mensch. Kurze spirituelle Texte für mehr Lebensfreude, die aus dem Glauben kommt.

Karl Rahner

Worte gläubiger Erfahrung

Mit einer Einleitung von Robert Scherer

128 Seiten, gebunden · ISBN 3-451-28537-1
Worte des großen Theologen, die helfen, den Alltag in Verbindung mit Gott zu leben.

HERDER